Marc Ruberg et al.

Der Wahn mit dem

Datenschutz

Ein Plädoyer für mehr Datenschutz, aber richtig!

Marc Ruberg et al.

Der Wahn mit dem

Datenschutz

Ein Plädoyer für mehr Datenschutz, aber richtig!

Diplomatic Council Publishing

1. Auflage 2021

Bibliografische Information der Deutschen Nationalbibliothek

Die Deutsche Nationalbibliothek verzeichnet diese Publikation in der Deutschen Nationalbibliografie; detaillierte bibliografische Daten sind im Internet über http://dnb.d-nb.de abrufbar.

Printed in the Federal Republic of Germany.

Cover: IMS International Media Services

Gestaltung und Satz: IMS International Media Services, Wiesbaden

Gedruckt auf säurefreiem Papier.

Print ISBN: 978-3-947818-51-8

E-Book ISBN: 978-3-947818-52-5

Inhalt

Vorwort

Der Datenschutz gehört zu unseren wichtigsten Grundrechten – diesen Eindruck wollen weite Teile der Politik uns immer wieder vermitteln – und das zu Recht! Die Wahrung unserer Privatsphäre gehört in einer zunehmend digitalen Welt zu den größten Herausforderungen. Wir alle wollen keine gläsernen Bürger sein und keine transparenten Verbraucher. Privatheit ist ein urmenschliches Bedürfnis, genauso wie Gesellschaft – aber wir möchten selbst bestimmen, wann wir für uns sein und wann und was wir anderen mitteilen wollen.

Bürokratiemonster DSGVO

Mit der Datenschutz-Grundverordnung (DSGVO) wurde 2018 ein Bürokratiemonster geschaffen, das uns vor dem Ausspähen unserer Daten schützen soll. Mehr al sdrei Jahre später muss man wohl feststellen: Das Monster ist immer noch da, doch unsere Privatsphäre wird stärker mit den Füßen getreten als je zuvor. Die DSGVO hat sich als weitgehend zahnloser Tiger entpuppt.

Das hat zwei wesentliche Gründe Erstens gehört der Staat selbst zu den eifrigsten Datensammlern. Dazu nur ein Beispiel: Wer einen Personalausweis beantragt, wird gezwungen, den Behörden ein biometrisches Porträtfoto von sich zu überlassen.

Es gibt kaum etwas Privateres, denn ein biometrisches Foto kann von Computern automatisch erkannt werden. Damit ist einer Überwachung Tür und Tor geöffnet – auf staatliche Anordnung hin. Zweitens ist es der DSGVO in keiner Weise gelungen, die Datensammelwut der großen Digitalkonzerne wie Google oder Facebook ernsthaft in die Schranken zu weisen. Seit 2020 versucht die Europäische Union mit neuen Gesetzen, allen voran dem Digital Services Act (DSA) und dem Digital Markets Act (DMA), auf diesem Gebiet nachzubessern. Parallel dazu wird seit Jahren die e-Privacy Verordnung vorbereitet, die uns alle noch besser schützen soll. Hoffentlich gelingt das!

Gefahr des Scheiterns beim Datenschutz

Doch es besteht die Gefahr, dass der Datenschutz im europäischen Verständnis scheitern wird. Dafür gibt es eine ganze Reihe von Gründen. Erstens wird der Staat selbst auch weiterhin daran interessiert sein, so viele Daten wie möglich zu erheben – und zwar nicht für statistische Zwecke, sondern in Echtzeit, zur fortlaufenden Überwachung. Zweitens funktionieren neue Technologien wie Künstliche Intelligenz oder selbstfahrende Automobile nur auf Basis einer möglichst breiten Datenbasis. Und die Europäische Union und allen voran Deutschland strebt auf eben diesen Gebieten eine Führungsposition an. Die digitale Souveränität stellt ein erklärtes hohes politisches Ziel in Europa und in Deutschland dar.

Die Pandemiejahre 2020/21 haben überdeutlich gezeigt, wie wichtig ein hohes Maß an Autarkie ist. Die Corona-Warnapp wäre niemals in Funktion getreten, wenn die US-Konzerne Apple und Google nicht die technische Basis dafür geschaffen hätten. Geradezu beispielhaft für die mangelhafte Digitalisierung Deutschlands stand der Datenaustausch der Gesundheitsbehörden untereinander per Fax statt auf digitalen Wegen.

Die Chipknappheit 2021/22 hat klargemacht, dass ganze Industriezweige wie die Automobilbranche weitgehend lahmgelegt sind, wenn die technischen Grundlagen der Digitalisierung fehlen. Die fortlaufenden Angriffe von Computerhackern auf unsere digitale Zivilisation haben deutlich gemacht, dass eine strengere Überwachung vor allem der kritischen Infrastrukturen wie der Strom-, Wasser- und Gasversorgung unerlässlich ist.

Hinzu kommen neue Trends wie das Internet der Dinge, also die digitale Vernetzung praktisch aller Alltagsgegenstände, und natürlich die Künstliche Intelligenz, also die teilweise Übernahme des menschlichen Denkens durch Computerprogramme.

Unsere Zukunft: Mehr Daten – mehr Schutz!

Für alle diese Entwicklungen, gelegentlich als digitale Disruption oder sogar digitale Revolution bezeichnet, werden nicht weniger Daten, sondern immer mehr Daten benötigt. Digitale Daten sind nicht nur der Rohstoff für das schier unaufhaltsame

Wachstum der Digitalkonzerne, sondern auch für unsere gesamte digitale Zivilisation.

Der Datenschutz steht allen diesen Entwicklungen diametral entgegen. Deshalb läuft er Gefahr, seine Schutzfunktion zu verlieren. Das wäre tragisch, denn wir benötigen mehr Schutz, nicht weniger! Aber zur Realität gehört eben auch, dass uns die heutige Gesetzeslage in vielen Fällen deutlich mehr im Wege steht als uns zu schützen. Exemplarisch hierfür steht, dass wir seit Inkrafttreten der DSGVO beim Aufruf jeder Webseite stets aufgefordert werden, eine langatmige Datenschutzerklärung des jeweiligen Seitenbetreibers zu akzeptieren. Hand aufs Herz: Wer hat sich jemals diese Rechtsbelehrung durchgelesen geschweige denn verstanden oder gar erwogen? Es ist in der Regel einfach ein Klick mehr auf „akzeptieren" – genau das hat die DSGVO bewirkt, einen Klick mehr, sonst nicht viel.

Dabei stellt der Schutz der Privatsphäre ein hohes Gut dar, um dass es sich zu kämpfen lohnt. Doch in einer Zeit, in der ein Großteil der Weltbevölkerung seine geheimsten Wünsche an Google verrät, sich Mikrofone und Kameras freiwillig ins Smart Home holt und sein Privatleben bis ins kleinste Detail in den sozialen Netzen verbreitet, scheint der Einsatz für den Datenschutz zuweilen dem Kampf gegen Windmühlen zu gleichen. Die staatliche Erfassung biometrischer Daten, also beispielsweise eines computerlesbaren Porträtfotos bei der Beantragung eines Personalausweises, macht die Sache nicht besser, sondern steht ganz im Gegenteil als Beweis dafür, dass der Staat gar kein ernsthaftes Interesse hat, die Daten seiner Bürger zu schützen, jedenfalls nicht vor sich selbst.

Ein Plädoyer für den Datenschutz

Dieses Buch versteht als ein Plädoyer für den Datenschutz. Zugleich zeigt es aber auch die Abstrusitäten und Kuriositäten auf, die sich aus der Datenschutz-Grundverordnung und anderen gesetzgeberischen entwickelt haben, und die dazu führen, dass wir in vielen Fällen heute nicht mehr, sondern ganz im Gegenteil weniger Datenschutz erleben. Diesen fatalen Trend gilt es zu stoppen und für einen modernen Datenschutz zu sorgen, bei dem einerseits unsere Privatsphäre besser geschützt ist als heute, und der uns andererseits nicht ständig bürokratische Hürden in den Weg legt auf dem Weg in die Zukunft.

Für dieses Ziel lohnt es sich zu kämpfen, meine ich!

Marc Ruberg et al.

An diesem Werk haben zahlreiche namhafte Mitglieder der UNO-Denkfabrik Diplomatic Council mitgewirkt, vornehmlich durch fachliche, technische, visionäre, wissenschaftliche, gesellschaftliche und politische Beiträge. Das vorliegende Buch stellt in diesem Sinne ein Gemeinschaftswerk „et alii“ bzw. „et aliae“ dar. Diesen Gemeinsinn wollen die Autoren mit dem bibliografischen Kürzel „et al.“, also „und andere“, ausdrücken.

Prolog

„Es begab sich aber zu der Zeit, dass ein Gebot von dem Kaiser Augustus ausging, dass alle Welt geschätzt würde. Und diese Schätzung war die allererste und geschah zu der Zeit, da Cyrenius Landpfleger in Syrien war. Und jedermann ging, dass er sich schätzen ließe, ein jeglicher in seine Stadt. Da machte sich auf auch Joseph aus Galiläa, aus der Stadt Nazareth, in das jüdische Land zur Stadt Davids, die da heißt Bethlehem, darum, dass er von dem Hause und Geschlechte Davids war, auf dass er sich schätzen ließe mit Maria, seinem vertrauten Weibe, die war schwanger. Und als sie daselbst waren, kam die Zeit, dass sie gebären sollte. Und sie gebar ihren ersten Sohn und wickelte ihn in Windeln und legte ihn in eine Krippe: Denn sie hatten sonst keinen Raum in der Herberge.

Und es waren Hirten in derselben Gegend auf dem Felde bei den Hürden, die hüteten des Nachts ihre Herde. Und siehe, des Herrn Engel trat zu ihnen, und die Klarheit des Herrn leuchtete um sie; und sie fürchteten sich sehr. Und der Engel sprach zu ihnen: „Fürchtet euch nicht! Siehe, ich verkündige euch große Freude, die allem Volk widerfahren wird; denn euch ist heute der Heiland geboren, welcher ist Christus, der Herr, in der Stadt Davids. Und das habt zum Zeichen: Ihr werdet finden das Kind in Windeln gewickelt und in einer Krippe liegen.“

Und alsbald war da bei dem Engel die Menge der himmlischen Heerscharen, die lobten Gott und sprachen: „Ehre sei Gott in der Höhe und Friede auf Erden und den Menschen ein Wohlgefallen!“ Und da die Engel von ihnen gen Himmel fuhren, sprachen die Hirten untereinander: Lasst uns nun gehen gen Bethlehem und die Geschichte sehen, die da geschehen ist, die uns der Herr kundgetan hat.

Und sie kamen eilend und fanden beide, Maria und Joseph, dazu das Kind in der Krippe liegen. Da sie es aber gesehen hatten, breiteten sie das Wort aus, welches zu ihnen von diesem Kinde gesagt war.

Und alle, vor die es kam, wunderten sich der Rede, die ihnen die Hirten gesagt hatten. Maria aber behielt alle diese Worte und bewegte sie in ihrem Herzen.

Und die Hirten kehrten wieder um, priesen und lobten Gott und alles, was sie gehört und gesehen hatten, wie denn zu ihnen gesagt war.“ (Lukas 2, 1-20)[1]

Die Weihnachtsgeschichte als größte Volkszählung

Die Weihnachtsgeschichte schildert nicht nur die Geburt des Christentums, der mit 2,26 Milliarden Anhängern am weitesten verbreiteten Religion weltweit, sondern berichtet ganz nebenbei auch von der bis dato größten Volkszählung aller Zeiten, oder modern ausgedrückt: von der ersten Erhebung persönlicher Daten im großen Stil. Allerdings nicht von der ersten Zählung.[2]

Die Herrscher lassen zählen

Ermittlungen von Bevölkerungszahlen lassen sich bereits um 2700 v. Chr. in Ägypten nachweisen. Auch den Zweck hat die Altertumsforschung zutage befördert: Es ging darum, Steuern einzutreiben. Der Wunsch der herrschenden Klasse, seine Untertanen zu kennen und daraus seinen Nutzen zu ziehen, ist also nicht – oder jedenfalls nicht nachweislich – so alt wie die Menschheit, aber immerhin bis zu den „Alten Ägyptern" zurückzuverfolgen. Anhand von Tonscherben lässt sich auch für die Zeit um 1700 v. Chr. eine lokale Volkszählung in Mesopotamien für militärische Zwecke belegen. Aus den früheren Epochen sind ferner Zählungen in China (2 n. Chr.) sowie in Persien und Griechenland bekannt. Bemerkenswert ist in Ägypten unter Amasis (569 v. Chr.) und in Israel unter König David (1000 v. Chr.) ein Dekret über die Erfassung der Einkommen. Man beschränkte sich dabei oft auf die Erfassung der waffenfähigen Männer. Mit anderen Worten: Für die frühen Herrscher ging es bei Volkszählungen, also der staatlichen Erfassung personenbezogener Daten, entweder um Geld oder um die Kampfstärke der Bevölkerung.

Volkszählungen im Römischen Reich

Im Römischen Reich gab es seit dem 6. Jahrhundert v. Chr. alle fünf Jahre Volkszählungen und Erhebungen über die Einkünfte der römischen Bürger. Für den Zensus (Anmerkung: Der Fachbegriff für „Volkszählung“) und die Steuerschätzungen war der Censor, ein altrömischer Beamter, verantwortlich. Er legte die Höhe der Steuer fest, die jeder Bürger zu zahlen hatte und war dem Senat verantwortlich. Die Censoren waren sehr einflussreich und genossen hohes Ansehen.

Im Mittelalter gab es in Europa nur wenige Volkszählungen; meist wurden die Feuerstellen registriert, doch waren die erhobenen Daten oft ungenau, sodass Angaben zur Bevölkerung in der Regel nur Hochrechnungen darstellten. Von Bedeutung bei der Erfassung der Bevölkerung waren kirchliche Aufzeichnungen der Pfarren, weil die Pastoren Bücher über die „Seelen“ führen mussten.

Die ersten Datenschützer waren die Adeligen

Die ersten „Datenschützer“ waren die Adeligen Europas. Der Adel wehrte sich übrigens stets gegen Aufstellungen seiner Leibeigenen, denn er betrachtete sie als eine reine Privatangelegenheit, im Besonderen, solange sie von der Besteuerung befreit waren. Aus diesem Grund wurden Leibeigene für gewöhnlich auch nicht statistisch erfasst.

Bemerkenswert ist auch eine Episode aus dem Jahre 1753: Damals lehnte das britische Parlament eine Volkszählung ab mit der Begründung sie „würde Englands Feinden dessen Schwächen“ bloßstellen. Ein Abgeordneter betonte im Parlament, er sei befremdet, „dass es menschliche Wesen gäbe, die so frech und schamlos seien“, derartiges vorzuschlagen.[3]

Erste Volkszählung in Deutschland

Die erste Volkszählung in Deutschland fand 1816 im Königreich Preußen statt. Zwischen 1834 und 1867 führte der Deutsche Zollverein regelmäßig alle drei Jahre Volkszählungen in den Mitgliedsländern durch.[4] Ermittelt wurde die sogenannte „Zollabrechnungsbevölkerung“. Zur Durchführung wurde ein Zeitpunkt gewählt, zu dem zu erwarten war, dass sich der größte Teil der Bevölkerung zu Hause aufhalten würde. Der Zollverein legte den 3. Dezember als Datum fest.

Nach dem Zweiten Weltkrieg wurden im Dezember 1945 in der sowjetischen Besatzungszone, im Januar 1946 in der französischen Besatzungszone und im Oktober 1946 in allen vier Besatzungszonen Deutschlands unter Verantwortung der Besatzungsmächte Volks- und Berufszählungen durchgeführt. Dies geschah insbesondere, um die Kriegsverluste und die zahlreichen Ströme von Flüchtlingen, Umsiedlern und Heimatvertriebenen zu erfassen. Nach Gründung der beiden deutschen Staaten im Jahre 1949 fanden jeweils mehrere Volkszählungen statt.[5]

Die in der Bundesrepublik Deutschland 1950 und 1987 durchgeführten Zählungen waren gleichzeitig Volks-, Berufs-, Gebäude-, Wohnungs- und Arbeitsstättenzählungen. Die Zählungen von 1961 und 1970 erfolgten als Volks-, Berufs- und Arbeitsstättenzählungen. Während der Gebäude- und Wohnungszählung von 1956 wurde auch die Wohnbevölkerung in der Bundesrepublik gezählt („kleine Volkszählung"). Die Veröffentlichung der Daten aller Zählungen in der Bundesrepublik Deutschland, ab 1994 auch der Ergebnisse der Volkszählungen in der DDR, erfolgte vom Statistischen Bundesamt.[6]

Volkszählung 1987

Die 1987 durchgeführte Volkszählung in der Bundesrepublik Deutschland war vom Bund ursprünglich bereits für das Jahr 1981 geplant gewesen. Sie war in den Augen der Bundesbehörden neben anderen Gründen notwendig geworden, um die Infrastruktur einem veränderten sozialen Gefüge anzupassen und entsprechend neue Maßnahmen einzuleiten. Dies galt für die Verkehrsplanung ebenso wie für die soziale Versorgung und anderes.

Die Verzögerung um sechs Jahre hatte einen für unser Thema bemerkenswerten Hintergrund: Es gab Widerstand in der Bevölkerung.[7] Man könnte sogar von Boykott sprechen, angestachelt von einem breiten Bündnis verschiedener sozialer und politischer Gruppen und vom „Koordinierungsbüro gegen den Überwachungsstaat" im Bonner Büro der Jungdemokraten, der ehemaligen Jugendorganisation der FDP, organisiert. Auch die damalige Partei „Die Grünen", zu der Zeit seit etwa vier Jahren im Bundestag vertreten, gehörte zu den Kritikern der Volkszählung und sie beteiligte sich mit vielen ihrer Mitglieder an der Kampagne. „Boykott-Ratgeber“ waren damals groß in Mode. Vom Büchlein „Was Sie gegen Mikrozensus und Volkszählung tun können“ für 5 Mark wurden in nicht einmal vier Monaten eine viertel Million Exemplare ausgeliefert; jede Woche ließ der *Frankfurter Verlag Zweitausendeins* 2.000 Bücher nachdrucken. Der Verlagsgeschäftsführer Lutz Kroth analysierte damals: „Das Thema berührt die Menschen offenbar ganz intim und ganz privat.“[8] Einen vergleichbar reißenden Absatz erlebte der Verlag zuvor nur bei dem 1980 erschienenen Umwelt-Report „Global 2000“, der die Zerstörung der Umwelt als Lebensgrundlage für die Menschen thematisierte. Das staatliche Ausspionieren der eigenen Privatsphäre gleichauf mit der Vernichtung der Erde – bemerkenswert!

Die Regierung hatte den möglichen Widerstand offenbar vorausgesehen und drohte im Gesetz mit einer Höchststrafe von 10.000 Mark als Bußgeld für Verweigerer, die den Zählungsfragebogen nicht oder nicht wahrheitsgemäß ausfüllten. Abgefragt wurden mit insgesamt 18 Fragen das Geburtsjahr, das Geschlecht, der Familienstand, die religiöse Zugehörigkeit, die Staatsangehörigkeit, die Wohnungsnutzung, die Erwerbstätigkeit, das Bildungsniveau und die Nutzung von Verkehrsmitteln. In unserer heutigen Zeit lässt sich übrigens aus beinahe jedem Facebook-Profil mehr herauslesen als der damalige Fragebogen erfasste. Dennoch war der Boykott damals durchaus erfolgreich. So ändern sich allem Anschein nach die Zeiten.

In Folge der Proteste gegen die Volkszählung formulierte das Bundesverfassungsgericht mit dem historisch bedeutsamen Volkszählungsurteil vom 15. Dezember 1983 erstmals das Grundrecht auf informationelle Selbstbestimmung, das sich aus der Menschenwürde des Artikels 1 des Grundgesetzes (GG) und dem Recht auf freie Entfaltung der Persönlichkeit nach Artikel 2 Absatz 1 GG ableitet.[9] Daher musste die Befragung teilweise neu konzipiert werden, indem personenbezogene Angaben von den Fragebögen getrennt und die Fragebögen überarbeitet wurden, um die Anonymität der Befragten besser zu gewährleisten.

Halten wir fest: Erst waren es der europäische Adel, dann eine Boykottgruppe um FDP und Grüne und schließlich das Bundesverfassungsgericht der Bundesrepublik Deutschland, die sich – sicherlich aus unterschiedlichen Motiven – gegen die Erfassung privater Daten wehrten. Das Verlangen nach privaten Daten ging hingegen seit Jahrtausenden von der herrschenden Klasse, also vom Staat, aus. Mehr über seine Bürger – früher Untertanen – zu wissen, war stets ein konkretes Anliegen der staatlichen Autorität.

Ob Adel, FDP, Grüne oder Bundesverfassungsgericht – die Datensammelwut der heutigen Staaten und mindestens ebenso stark der Digitalwirtschaft müssten diese Damen und Herren zur Weißglut treiben. Heute leben wir in einer Welt der Perfektionierung der digitalen Volkszählung im Sekundentakt. Es wäre etwa so, als wenn wir im Jahre 1987 per Gesetz gezwungen worden wären, ständig beim Statistischen Bundesamt anzurufen, wenn wir unsere eigenen vier Wände verlassen, um mitzuteilen, wohin wir gehen, wen wir treffen, was wir einkaufen, welche Gedanken und Gefühle wir haben, und was wir demnächst vorhaben. Nun, der Gesetzgeber hat uns nicht dazu gezwungen, sondern wir halten heutzutage freiwillig Google Facebook, die Deutsche Telekom, Vodafone, Payback, Amazon und Gott allein weiß wen noch alles auf dem Laufenden über unser Leben. Hätten der Adel, die FDP, die Grünen und das Bundesverfassungsgericht es längst aufgegeben, uns vor uns selbst zu schützen, wir könnten es ihnen wohl nicht verdenken.

Ausspähen ist strafbar

Das Ausspähen von Daten ist ausweislich Paragraf 202a des deutschen Strafgesetzbuches ein Vergehen, das mit Freiheitsentzug bis zu drei Jahren oder Geldbuße bestraft wird.[10] Das Gesetz schützt die sogenannte Verfügungsbefugnis über Daten, es dient der Abwehr des „elektronischen Hausfriedensbruchs".

Im Mittelpunkt geht es dabei um das Beschaffen von Daten, völlig gleichgültig, ob diese privat oder geschäftlich erhoben werden und gleichgültig, ob diese wichtig oder weniger relevant sind, ob ein Schaden entsteht oder nicht. Laut dem neuesten Wortlaut genügt nach Einschätzung der meisten Juristen bereits der Zugang zu diesen Daten; überdies will der Gesetzgeber künftig diesbezüglich mehr Klarheit schaffen.

Indes steht zu befürchten, dass unabhängig von der Gesetzeslage wir alle mehr oder minder rund um die Uhr abgehört, belauscht, gefilmt werden, und zwar vom Staat genauso wie von der Wirtschaft. Genau genommen bilden Digitalwirtschaft und Regierungen eine unheilige Allianz der Datenschnüffelei, die nur ein Ziel verfolgt: den gläsernen Kunden bzw. Bürger. George Orwells Horrorvision 1984 schreitet mit großen Schritten seiner Realisierung entgegen, Erich Mielke, Hauptverantwortlicher für den Aufbau des flächendeckenden Kontroll-, Überwachungs- und Unterdrückungssystems in der DDR und Leiter des dortigen Ministeriums für Staatssicherheit (Stasi), hätte mutmaßlich seine wahre Freude daran. Der Stasi-Minister setzte damals vor allem auf menschliche Spione, die sogenannten „Informellen Mitarbeiter" oder IM.[11] Bis zu zwei Millionen der insgesamt neun Millionen DDR-Bürger im erwerbsfähigen Alter sollen in den 1980er-Jahren im weiteren Sinne in das staatliche Sicherheitsnetz von SED-Chef Erich Honecker und Stasi-Minister Erich Mielke eingebunden gewesen sein.

Heute ist diese Art von Stasi-Spitzel überflüssig, die moderne Digitaltechnik besorgt die Bespitzelung besser als jeder Mensch: Die Stasi 2.0 verfügt heute schon über Milliarden von Mikrofonen, Videokameras, Sensoren und sonstige Überwachungseinheiten überall auf der Welt und wird von einer immer ausgereifteren Künstlichen Intelligenz geführt, die nur ein Ziel verfolgt: uns alle immer gläserner zu machen.

Datenschutz – was ist das?

Der Begriff „Datenschutz“ entstand in der zweiten Hälfte des 20. Jahrhunderts. Ein interessanter Aspekt dabei ist, dass er bis heute nicht einheitlich verstanden wird. Ob diese durchaus schwammige Auslegung dieses Begriffes so gewollt ist oder nicht, bleibt an dieser Stelle reine Spekulation. Der Schutz des Rechts auf informationelle Selbstbestimmung, der Schutz vor missbräuchlicher Datenverarbeitung, der Schutz des Persönlichkeitsrechts und der Schutz der Privatsphäre gehören dabei zu den gängigen Interpretationen. Die dahinterstehende Forderung ist hingegen ziemlich klar: Datenschutz steht für die Idee, dass jeder Mensch grundsätzlich selbst entscheiden kann, wem wann welche seiner persönlichen Daten zugänglich sein sollen. Genau diese Idee wird indes jeden Tag millionenfach missachtet, verhöhnt und mit Füßen getreten – und die meisten von uns merken es nicht einmal oder es kümmert uns im Grunde auch nicht. Das wird angesichts der unaufhaltsamen rasanten Digitalisierung unserer Welt fatale Folgen nach sich ziehen.

Datenschutz beginnt in den USA

Ausgangspunkt der weltweiten Debatte über Datenschutz waren die Pläne der US-Regierung unter Präsident John F. Kennedy, Anfang der 1960er Jahre ein nationales Datenzentrum zur Verbesserung des staatlichen Informationswesens einzurichten.[12] Das war damals in den USA durchaus dringend notwendig, denn bis heute existieren in den USA kein flächendeckendes Meldewesen und keine bundesweit geltenden Ausweise. Vor diesem Hintergrund wollte Kennedy erstmals die Daten ausnahmslos aller US-Bürger im neuen Datenzentrum erfassen. Die Pläne wurde allerdings in den nachfolgenden politischen Diskussionen als Verstoß gegen das verfassungsrechtlich postulierte „Right to be alone" betrachtet, also das „Recht auf Einsamkeit". Eine erhebliche Rolle spielte damals auch schon das im Jahre 1890 von Samuel D. Warren und dem späteren Bundesrichter Louis D. Brandeis entwickelte „Right to Privacy", nach dem jedem Menschen das Recht zusteht, selbst zu bestimmen, inwieweit seine „Gedanken, Meinungen und Gefühle" anderen mitgeteilt werden sollen.[13] Das Vorhaben scheiterte im Kongress, woraufhin die Forderung nach einer gesetzlichen Grundlage für die Verarbeitung personenbezogener Daten in den USA aufkam. Erst 1974 wurde der Privacy Act verabschiedet, der Regeln für die Bundesbehörden für den Umgang mit personenbezogenen Daten einführte und bereits die Grundprinzipien des Datenschutzes enthielt: Erforderlichkeit, Sicherheit und Transparenz. Allerdings galt das neue Gesetz nur für die Bundesbehörden, nicht etwa für Unternehmen in den USA.[14]

Passender Begriff gesucht

Die amerikanische Debatte wurde in Europa verfolgt und Ende der 1960er Jahre suchte die deutsche Politik nach einem passenden Begriff. Dabei sollte die direkte Übersetzung des

Wortes „Privacy“ – allgemeines Persönlichkeitsrecht – vermieden werden. Erstens wegen der kontroversen Diskussionen, die seit dem 19. Jahrhundert darüber geführt wurden, und zweitens wegen seiner Sperrigkeit. In Anlehnung an den Begriff „Maschinenschutz“ (Gesetzgebung zur Sicherheit von Arbeitsgerät) wurde das Wort „Datenschutz“ ersonnen. Es wurde zunächst scharf kritisiert, weil schließlich nicht die Daten geschützt werden sollen, sondern die Menschen, setzte sich aber dennoch durch und ist inzwischen international gebräuchlich (Data Protection).

Hessen schreitet voran

Im Jahre 1970 verabschiedete das Bundesland Hessen das weltweite erste Datenschutzgesetz. 1977 folgte das Bundesdatenschutzgesetz (BDSG).[15] Bis 1981 hatten alle Bundesländer eigene Landesdatenschutzgesetze. Im Zusammenhang mit der Volkszählung wurde 1983 mit der Prägung des informellen Selbstbestimmungsrechts ein Meilenstein gelegt, also dem Recht des Einzelnen, grundsätzlich selbst über die Preisgabe und Verwendung seiner persönlichen Daten zu bestimmen. 1995 wurde die Europäische Datenschutzrichtlinie 1995/46/EG verabschiedet. Am 25. Mai 2018 trat die Datenschutz-Grundverordnung (DSGVO) in Kraft.[16]

Mehr Daten als je zuvor

Allen Paragrafen zum Trotz werden heute jeden Tag mehr personenbezogene Daten rund um den Globus gesammelt, erfasst, verarbeitet, analysiert und zu Werbe- und Vertriebszwecken verwendet, als jemals zuvor. Das hat zahlreiche Gründe. Einer der wesentlichen Ursachen für diese Entwicklung liegt darin, dass der Schutz der Privatsphäre in der US-Wirtschaft bis heute keine große Rolle spielt – und damit auch bei den US-amerikanischen Digitalgiganten. Aktuell (Stand: 2021) ist der Datenschutz in den USA kaum durch gesetzliche Vorschriften geregelt. Das Hauptargument dagegen findet sich im ersten Zusatzartikel zur Verfassung der Vereinigten Staaten (First Amendment) zur Meinungsfreiheit. Zudem könnte man darauf verweisen, dass in vielen Staaten der Welt der Datenschutz als Instrument zur Unterdrückung der Meinungsfreiheit eingesetzt wird. Zwar hat der Oberste Gerichtshof der Vereinigten Staaten 1965 im Fall Grisworld gegen Connecticut entschieden[17], dass dem Einzelnen sehr wohl ein Recht auf Privatsphäre zusteht, allerdings erkennen bis heute nur sehr wenige US-Bundesstaaten dieses Recht an. Als eine der wenigen Ausnahmen gilt Kalifornien, wo das Recht auf Privatsphäre gesetzlich ausdrücklich festgelegt ist. Befinden sich nicht die Zentralen der meisten Digitalkonzerne, wie etwa Google oder Facebook, in Kalifornien und müssten daher unter diese Gesetzgebung fallen? Das trifft zwar zu, jedoch ist diese Gesetzgebung aus europäischer Sicht nahe an der Lächerlichkeit. So verpflichtet der California Online Privacy Protection Act (OPPA) die Betreiber kommerzieller

Internetseiten und Onlinedienste, die über ihre Webseiten personenbezogene Informationen über Bürger aus Kalifornien sammeln, auf ebendiesen Seiten einen auffälligen Hinweis über den Umgang mit diesen Daten zu platzieren.[18] Wie die Firmen mit den personenbezogenen Daten umzugehen haben, beschreibt das Gesetz nicht, es bleibt den Unternehmen frei überlassen. Das Gesetz regelt einzig und allein, dass ein deutlicher Hinweis auf die selbstgesetzten Datenschutzrichtlinien platziert werden muss. Viel deutlicher kann man den Grundgedanken des Datenschutzes kaum mit Füßen treten. Google & Co halten sich natürlich an diese Vorgaben und nehmen sie zugleich als Masterplan für ihre Vorstellungen von Datenschutz für die ganze Welt.

Grundrecht auf eigene Persönlichkeit

Das Recht auf die Entfaltung der eigenen Persönlichkeit (Persönlichkeitsrecht) wird als ein Grundrecht angesehen, also als ein von der Verfassung geschütztes Recht. Es sieht den Schutz der Persönlichkeit einer Person vor Eingriffen in ihren Lebens- und Freiheitsbereich dar. Außerdem definiert es zugleich die Basis für die Annahme eines Rechtes auf Privatsphäre. Die Allgemeine Erklärung der Menschenrechte der Vereinten Nationen umfasst neben mehreren grundlegenden Schutzartikeln einen eigenen Artikel zur Bewahrung des Privatlebens.

UNO: Datenschutz ist Menschenrecht

In der UNO-Resolution 217 A (III) der Generalversammlung vom 10. Dezember 1948 zur allgemeinen Erklärung der Menschenrechte, heißt es wie folgt:[19]

Resolution 217 A (III) der Generalversammlung vom 10. Dezember 1948

Präambel

Da die Anerkennung der angeborenen Würde und der gleichen und unveräußerlichen Rechte aller Mitglieder der Gemeinschaft der Menschen die Grundlage von Freiheit, Gerechtigkeit und Frieden in der Welt bildet, da die Nichtanerkennung und Verachtung der Menschenrechte zu Akten der Barbarei geführt haben, die das Gewissen der Menschheit mit Empörung erfüllen, und da verkündet worden ist, daß einer Welt, in der die Menschen Rede- und Glaubensfreiheit und Freiheit von Furcht und Not genießen, das höchste Streben des Menschen gilt, da es notwendig ist, die Menschenrechte durch die Herrschaft des Rechtes zu schützen, damit der Mensch nicht gezwungen wird, als letztes Mittel zum Aufstand gegen Tyrannei und Unterdrückung zu greifen,

- *da es notwendig ist, die Entwicklung freundschaftlicher Beziehungen zwischen den Nationen zu fördern,*

– *da die Völker der Vereinten Nationen in der Charta ihren Glauben an die grundlegenden Menschenrechte, an die Würde und den Wert der menschlichen Person und an die Gleichberechtigung von Mann und Frau erneut bekräftigt und beschlossen haben, den sozialen Fortschritt und bessere Lebensbedingungen in größerer Freiheit zu fördern,*

– *da die Mitgliedstaaten sich verpflichtet haben, in Zusammenarbeit mit den Vereinten Nationen auf die allgemeine Achtung und Einhaltung der Menschenrechte und Grundfreiheiten hinzuwirken,*

– *da ein gemeinsames Verständnis dieser Rechte und Freiheiten von größter Wichtigkeit für die volle Erfüllung dieser Verpflichtung ist,*

verkündet die Generalversammlung diese allgemeine Erklärung der Menschenrechte als das von allen Völkern und Nationen zu erreichende gemeinsame Ideal, damit jeder einzelne und alle Organe der Gesellschaft sich diese Erklärung stets gegenwärtig halten und sich bemühen, durch Unterricht und Erziehung die Achtung vor diesen Rechten und Freiheiten zu fördern und durch fortschreitende nationale und internationale Maßnahmen ihre allgemeine und tatsächliche Anerkennung und Einhaltung durch die Bevölkerung der Mitgliedstaaten selbst wie auch durch die Bevölkerung der ihrer Hoheitsgewalt unterstehenden Gebiete zu gewährleisten.

Artikel 1

Alle Menschen sind frei und gleich an Würde und Rechten geboren. Sie sind mit Vernunft und Gewissen begabt und sollen einander im Geiste der Brüderlichkeit begegnen.

Artikel 2

Jeder hat Anspruch auf alle in dieser Erklärung verkündeten Rechte und Freiheiten, ohne irgendeinen Unterschied, etwa nach Rasse, Hautfarbe, Geschlecht, Sprache, Religion, politischer oder sonstiger Anschauung, nationaler oder sozialer Herkunft, Vermögen, Geburt oder sonstigem Stand.

Des Weiteren darf kein Unterschied gemacht werden aufgrund der politischen, rechtlichen oder internationalen Stellung des Landes oder Gebietes, dem eine Person angehört, gleichgültig ob dieses unabhängig ist, unter Treuhandschaft steht, keine Selbstregierung besitzt oder sonst in seiner Souveränität eingeschränkt ist.

Artikel 3

Jeder hat das Recht auf Leben, Freiheit und Sicherheit der Person.“

...

Artikel 12: Niemand darf willkürlichen Eingriffen in sein Privatleben, seine Familie, seine Wohnung und seinen Schrift-

verkehr ... ausgesetzt werden. Jeder hat Anspruch auf rechtlichen Schutz gegen solche Eingriffe oder Beeinträchtigungen."

Europäische Menschenrechtskonvention

Die Europäische Menschenrechtskonvention des Europarats, die 1953 in Kraft trat, stellt hierzu fest, es hat „jedermann ... Anspruch auf Achtung seines Privat- und Familienlebens, seiner Wohnung und seines Briefverkehrs". Dieser Satz ist noch heute gültig und steht in Deutschland einem Bundesgesetz gleich.[20]

Grundgesetz ohne Privatleben

Im Grundgesetz (GG) der Bundesrepublik Deutschland hingegen kommen Begriffe wie Privatleben oder Persönlichkeitsrecht kein einziges Mal vor. Genauer gesagt: Im deutschen Recht ist das Persönlichkeitsrecht als solches nicht ausdrücklich geregelt. Lediglich Teilgebiete, wie die Achtung der Ehre, das Namensrecht und das Recht am eigenen Bild, sind gesetzlich geschützt.

Aus der Erkenntnis heraus, dass hier eine eklatante Rechtslücke besteht, wurde seit den 1950er Jahren in richterlicher Rechtsfortbildung – also durch eine übereinstimmende und ständige Rechtsprechung – ein allgemeines Persönlichkeitsrecht (APR) aus Artikel 1 GG (freie Entfaltung der Persönlichkeit) in Verbindung mit Artikel 1 GG (Menschenwürde) abgeleitet. Es gibt eine Fülle von Urteilen zu diesem Thema und heute gilt das APR als Gewohnheitsrecht.

Bundesverfassungsgericht schreitet ein

Insbesondere erkannte das Bundesverfassungsgericht in einem Grundsatzurteil vom 5. Juni 1973 das Persönlichkeitsrecht als verfassungsrechtlich gewährleistetes Grundrecht an.[21] Wörtlich und durchaus weitsichtig formuliert sah es das Bundesverfassungsgericht als die Aufgabe des allgemeinen Persönlichkeitsrechts an, „im Sinne des obersten Konstitutionsprinzips der Würde des Menschen (Art. 1 Abs. 1 GG) die engere persönliche Lebenssphäre und die Erhaltung ihrer Grundbedingungen zu gewährleisten, die sich durch die traditionellen konkreten Freiheitsgarantien nicht abschließend erfassen lassen; diese Notwendigkeit besteht auch im Blick auf moderne Entwicklungen und die mit ihnen verbundenen neuen Gefährdungen für den Schutz der menschlichen Persönlichkeit."

Fazit: Das Grundgesetz kennt kein Persönlichkeitsrecht, das Bundesverfassungsgericht hingegen schon.

Grundrecht auf informationelle Selbstbestimmung

Ebenso weitsichtig zeigte sich das Bundesverfassungsgericht in einem Urteil vom 15. Dezember 1983, in dem es ein Grundrecht auf informationelle Selbststimmung postulierte.[22] Das Gericht begründete sein Urteil mit der Gefährdung der freiheitlichen Grundordnung durch vom Betroffenen unbeherrschte Datensammlungen unter den Bedingungen moderner Informationstechnik.

Insbesondere wies das Gericht auf die Gefahr des Panoptismus hin. Dieser wenig geläufige Begriff, der Mitte des letzten Jahrhunderts von dem französischen Philosophen Michel Foucault eingeführt wurde, bezeichnet das Phänomen, dass eine Gesellschaft durch Überwachungs- und Kontrollmechanismen immer gleichförmiger wird. Fourcault sprach von einer sozialen Konformität des Individuums. Michel Foucault schrieb: „Derjenige, welcher der Sichtbarkeit unterworfen wird und dies weiß, übernimmt die Zwangsmittel der Macht und spielt sie gegen sich selbst aus; er internalisiert das Machtverhältnis, in welchem er gleichzeitig beide Rollen spielt; er wird zum Prinzip seiner eigenen Unterwerfung.“[23]

Das Phänomen des Michel Foucault

Bezeichnenderweise prägt er den Begriff „Panoptimus“ (angelehnt an den architektonischen Entwurf eines perfekten Gefängnisses, des „Panopticon“, des englischen Philosophen Jeremy Bentham) lange vor der allgegenwärtigen Videoüberwachung der heutigen Zeit. Fourcault stellte das Phänomen der zunehmenden Gleichförmigkeit der Gesellschaft bereits seit dem 18. Jahrhundert fest. Schule, Militärdienst und eine durch den aufkommenden Kapitalismus geförderte Anpassung des Einzelnen an eine vorgegebene Arbeitsumgebung führten zu einer Vereinheitlichung der Gesellschaft, in der die Anpassung an die Normen wichtiger wird als die eigene Individualität.

Dabei reicht es offenbar, wenn wir damit rechnen müssen, beobachtet und bewertet zu werden, unabhängig davon, ob uns tatsächlich jemand zusieht oder ein Video von uns angefertigt wird. Schon die potenzielle Beobachtung führt dazu, dass die meisten Menschen ihr Verhalten an die normativen Erwartungen anpassen. Über einen längeren Zeitraum hinweg kommt es dadurch zu einer Verinnerlichung der erwarteten Normen. Derjenige, der die Normen aufstellt – egal, ob Staat oder Unternehmen –, muss also in der Regel gar keinen Zwang mehr ausüben, damit die Normen eingehalten werden. Wir verinnerlichen die Regeln, wenn man sie uns nur lange genug vorgibt und wir uns der Gefahr bewusst sind, dass wir möglicherweise ständig überwacht werden, und halten uns dann „von ganz allein“ an diese Normen.

Daraus leitete das Bundesverfassungsgericht für sein Urteil zum Grundrecht auf informationelle Selbststimmung ab. „Wer nicht weiß oder beeinflussen kann, welche Informationen über sein Verhalten gespeichert werden, passt sein Verhalten aus Vorsicht an. Das beeinträchtigt nicht nur die individuelle Handlungsfreiheit, sondern auch das Gemeinwohl, da ein freiheitlich demokratisches Gemeinwesen der selbstbestimmten Mitwirkung der Bürgerschaft bedarf“, urteilten die Richter am höchsten deutschen Gericht.

Die zentrale Stelle lautete im Wortlaut: „Mit dem Recht auf informationelle Selbstbestimmung wären eine Gesellschaftsordnung und eine diese ermöglichende Rechtsordnung nicht vereinbar, in der Bürger nicht mehr wissen können, wer was wann und bei welcher Gelegenheit über sie weiß. Wer unsicher ist, ob abweichende Verhaltensweisen jederzeit notiert und als Information dauerhaft gespeichert, verwendet oder weitergegeben werden, wird versuchen, nicht durch solche Verhaltensweisen aufzufallen. ... Dies würde nicht nur die individuellen Entfaltungschancen des Einzelnen beeinträchtigen, sondern auch das Gemeinwohl, weil Selbstbestimmung eine elementare Funktionsbedingung eines auf Handlungsfähigkeit und Mitwirkungsfähigkeit seiner Bürger begründeten freiheitlichen demokratischen Gemeinwesens ist. Hieraus folgt: Freie Entfaltung der Persönlichkeit setzt unter den modernen Bedingungen der Datenverarbeitung den Schutz des Einzelnen gegen unbegrenzte Erhebung, Speicherung, Verwendung und Weitergabe seiner persönlichen Daten voraus. Dieser Schutz ist daher von dem Grundrecht des Art. 2 Abs. 1 in Verbindung mit Art. 1 Abs. 1 GG umfasst. Das Grundrecht gewährleistet insoweit die Befugnis des Einzelnen, grundsätzlich selbst über die Preisgabe und Verwendung seiner persönlichen Daten zu bestimmen.“[24]

Es gibt kein belangloses Datum

Einschränkungen der informationellen Selbstbestimmung sind nur auf gesetzlicher Grundlage erlaubt. Ausdrücklich stellte das Bundesverfassungsgericht fest, dass es „kein belangloses

Datum“ gibt. Vielmehr bedarf die Verwendung aller personenbezogenen Daten einer besonderen Rechtfertigung. Das richtungsweisende Urteil des Bundesverfassungsgerichts von 1983 hatte entscheidenden Einfluss auf das Bundesdatenschutzgesetz, das 1990 novelliert wurde, auf die Datenschutzgesetze der Länder und bildet auch wesentliche Eckpfeiler der heutigen Gesetzgebung wie der Datenschutz-Grundverordnung und der e-Privacy-Verordnung. Halten wir also fest, dass der Schutz persönlicher Daten rechtlich eine solide Grundlage aufzuweisen hat. UNO, EU, Deutschland – überall wird entweder durch Gesetze oder Rechtsprechung der Privatheit eine hohe und schützenswerte Bedeutung zugemessen.

Wenn heute dennoch mehr persönliche Daten von uns erfasst, verarbeitet, gespeichert und analysiert werden als jemals zuvor in der Menschheitsgeschichte, liegt das nicht am Gesetzgeber. Es zeigt eher dessen Hilflosigkeit angesichts der aktuellen Digitalisierungswelle. Schutzgesetze kommen an ihre Grenzen, wenn die Menschen selbst überall Mikrofone und Kameras aufstellen, ihr Privatleben selbst in den sozialen Netzen ausbreiten und moderne Technologien wie die Videoüberwachung mit größter Selbstverständlichkeit zum Einsatz gelangen, um dem Ruf der Bevölkerung nach mehr Sicherheit nachzukommen. In einer digitalen Welt gibt es immer wieder und immer mehr „gute Gründe“, warum persönliche Daten erfasst und – wenn man sie sowieso schon hat – auch gespeichert werden.

Wie eine endlose Datenspirale

Dabei will uns Amazon die besten Vorschläge unterbreiten, was wir einkaufen sollten; bei selbstfahrenden Autos ist es wohl besser, möglichst viele und präzise arbeitenden Kameras die Route erfassen zu lassen, um uns sicher ans Ziel zu bringen; um Schwerverbrechern habhaft zu werden, bietet sich die automatische Gesichtserkennung auf öffentlichen Plätzen geradezu an und vieles mehr. Bereits diese wenigen Beispiele zeigen, dass im Zeitalter der Digitalisierung ständig neue Argumente aufkommen, um mehr Daten von mehr Menschen noch besser zu analysieren. Es ist wie eine endlose Datenspirale und der Gesetzgeber scheint allen Bemühungen zum Trotz alldem eher hilflos gegenüber zu stehen. Ein Grund für diese Entwicklung liegt auch im gewaltigen finanziellen Potenzial, das hinter jedem Digitalisierungsschritt steckt, in dem riesigen Geschäftsmodell dahinter. Es sind nicht nur die Staaten, die unsere Daten wollen, sondern in noch viel stärkerem Maße die Unternehmen der Digitalwirtschaft, die mit unseren Daten zu Milliardenkonzernen heranwachsen und natürlich mit immer neuen Konzepten weiterwachsen wollen. Daten sind der Rohstoff der Digitalwirtschaft. Mussten in der Vergangenheit die klassischen Rohstoffe wie Erdöl oder Holz noch der Erde entrissen wurden, so stecken die neuen Rohstoffe in unseren Köpfen und werden von Digitalkonzernen somit unseren Köpfen „entrissen".

Mit jeder Eingabe bei Amazon, Facebook oder Google geben wir ein Stück unseres Gehirns zur kommerziellen Weiterverarbeitung frei. In diesem Sinne produzieren wir allein für Google weit über fünf Milliarden Gedanken-Rohstoffe pro Tag – so viele Suchanfragen verarbeitet das Unternehmen täglich. Schon im Jahr 2016 verkündete Sridhar Ramaswamy, Senior Vice President Ads and Commerce (Vizepräsident für Anzeigen und Kommerzialisierung) bei Google stolz: „Jedes Jahr erhalten wir Milliarden von Suchanfragen." 5,6 Milliarden Suchanfragen erhielt Google 2020 – pro Tag. Tendenz: weiter steigend. Zum Vergleich: 1999 lag das Google-Volumen noch bei rund einer Milliarde Suchanfragen täglich. Im gleichen Maße, wie wir die Digitalmaschine mit unseren Eingaben füttern, wächst ihr Geschäft: Allein das Werbevolumen von Google lag 2020 bei knapp 146 Milliarden Dollar – und auch hier ist ein Ende des Wachstums nicht in Sicht.

Vom Verbraucher zum Prosumer

Dieses Konzept – bei dem die Konsumenten aktiv dazu beitragen, den Erfolg von Unternehmen zu steigern – ist keinesfalls neu, denn es existierte bereits vor der Digitalisierung. So entwickelten beispielsweise Supermarktketten ein vergleichbares System, indem die Kunden ihre gewünschten Produkte selbst aus den Regalen nehmen und mit zur Kasse bringen – und nicht mehr so individuell bedient werden, wie es bei „Tante Emma" der Fall war (seit langem sterben diese Tante-Emma-Läden immer mehr aus). Ob bei Bankgeschäften, an der Tankstelle oder im Rahmen der Reiseplanung – überall sind wir inzwischen selbst gefordert, Dienstleistungen zu erbringen, die früher die Anbieter für uns erledigten. Prosumer oder Prosument – also „Produzent“ und „Consumer“ bzw. „Konsument“ in einer Person nennt man dieses Konzept.

Aber erst durch die Digitalisierung gelang es vielen Unternehmen – allen voran den Digitalkonzernen – den Verbraucher als Produzenten einzuspannen und den produzierten Rohstoff in Form von Persönlichkeitsprofilen an die werbetreibende Wirtschaft zu verkaufen.

Plattformkapitalismus ist die wohl höchste Stufe dieses Konzepts: Der Anbieter stellt eine technische Plattform zur Verfügung, auf der sich Anbieter und Nutzer zusammenfinden. Dabei verdient dieser Anbieter entweder daran, indem er eine Nutzungsgebühr verlangt (etwa einen Monatsbeitrag), oder er verlangt im Falle eines Geschäftsabschlusses eine Provision, oder er verkauft Nutzerdaten an Unternehmen, die dadurch wiederum passgenau Angebote entwickeln können.

Dieses Konzept ist in seinen Grundzügen ebenfalls nicht neu, es hieß in früheren Zeiten Marktplatz. Schon im antiken Griechenland war die Agora der zentrale Fest-, Versammlungs- und Marktplatz einer Stadt. Aber erst die Digitalwirtschaft führte dieses Konzept zu einer bislang nie da gewesenen Perfektion. Über die Online-Marktplätze, die Plattformen, wird alles und jedes angeboten: Lebenspartner, Meinungen, Waren aller Art.

Datenschutz-Grundverordnung

Mittlerweile sind sich die europäischen Demokratien der Gefahren der Digitalisierung und der damit eingehenden Bespitzelung der Bürger vollends bewusst. Mit der General Data Protection Regulation (DPRG) – in Deutschland Datenschutz-Grundverordnung (DSGVO) – die am 25. Mai 2018 in allen 28 Mitgliedsstaaten der Europäischen Union in Kraft trat, wollte die EU zum Rundumschlag gegen die Datensammelwut ausholen. Die DSGVO stellt den Versuch dar, die Bevölkerung der Europäischen Union fundamental und umfassend vor dem Ausspähen durch Unternehmen und Behörden zu beschützen.[25]

Akribisch genau ist in dem bürokratischen Monsterwerk auf 261 Seiten (deutsche Fassung) beschrieben, unter welchen Umständen Unternehmen Daten erfassen und verarbeiten dürfen, und wie diese auf Anfrage des Einzelnen wieder zu löschen sind. Dass dadurch eher die mittelständische Wirtschaft belastet wurde und die globalen Digitalkonzerne Wege fanden, die Einführung der DSGVO zum Anlass zu nehmen, um sich von ihren Nutzern mehr Zugang zu deren Privatsphäre einzuholen als je zuvor, war sicherlich vom Gesetzgeber nicht gewollt. Ebenso wenig hatten die Parlamentarier sich in ihren Ausschüssen und sonstigen Gremien hinreichend Gedanken gemacht über die Praktikabilität der Vorschriften. Dadurch ist ein

Wust von Absurditäten entstanden, der viele am Sachverstand der EU-Parlamentarier zweifeln lässt.

Die Visitenkartenfalle

Nur ein Beispiel: Wenn zwei Geschäftsleute ihre Visitenkarten austauschen, geschieht dieser Akt in der Regel im gegenseitigen Einvernehmen und dient bewusst dazu, dem einen zu ermöglichen, mit dem anderen Kontakt aufzunehmen. Eine besondere rechtliche Klärung war bis dato nicht notwendig. Anders seit Einführung der DSGVO. Da es sich bei einer Visitenkarte eindeutig um personenbezogene Daten handelt, müssten sich beide Geschäftsleute gegenseitig eine Datenschutzerklärung unterzeichnen – jedenfalls, sobald einer der beiden, wie es heutzutage üblich ist, diese Daten in seinem Smartphone oder Computer speichern will. In dieser Erklärung ist unter anderem genau festzuhalten, wie lange die Karte des anderen bzw. die darauf befindlichen Daten elektronisch aufbewahrt und wofür die Kontaktdaten ganz spezifisch genutzt werden sollen. Außerdem ist darzulegen, wer noch alles in den Besitz dieser Daten gelangen könnte und wie das weitere Verfahren beim Umgang mit den Daten vorgesehen ist. Werden die Daten in einer Cloud abgelegt, was heutzutage ebenfalls sehr üblich ist, so ist zudem haarklein Rechenschaft darüber abzulegen, in welchem Land oder welchen Ländern diese Cloud gehostet wird. Wohlgemerkt, wir reden immer noch vom Austausch einer Visitenkarte. Wer die Karte mit einer Visitenkartenerfassungssoftware auf seinem iPhone fotografiert und seinem Kontaktnetz hinzufügt, macht sich auf jeden Fall strafbar, sobald die Kontakte in der bei den meisten iPhone eingeschalteten iCloud gespeichert werden. Bekanntlich ist Apple ein US-amerikanisches Unternehmen und hält die iCloud-Daten seiner Kunden auch außerhalb der EU und insbesondere in den USA fest.

Indes hat sich tatsächlich eher die Betrachtungsweise als die Realität geändert. Wer eine Visitenkarte übergeben hat, wollte damit schon immer allein dem Gegenüber eine Möglichkeit geben, ihn zu kontaktieren – und keineswegs damit seine Informationen in weltweite Datenbanken einschleusen. Die Visitenkarte war und ist ein persönlicher Vertrauensbeweis in den anderen, dass er diesen Kontakt angemessen und eben nur angemessen nutzt. Wenn man daraufhin beispielsweise unaufgefordert Werbung erhält, war und ist dies ein Zeichen dafür, dass dieses Vertrauen missbraucht wurde. Es ist also weniger dem modernen Datenschutz als vielmehr dem ausufernden Missbrauch anzulasten, wenn die Visitenkartenfalle zuschnappt.

Dennoch stellt die Visitenkarte nur ein Beispiel für die absurden Auswirkungen der DSGVO dar. Eine Kindertagesstätte schenkt Kindern ein Fotoalbum als Erinnerungsstück, aber die Gesichter der Kinder sind alle geschwärzt. Lehrer einer Düsseldorfer Grundschule schreiben die Zeugnisse wieder alle von Hand. Die Liste der DSGVO-Geschädigten ist lang.

Die Visitenkartenfalle zeigt das grundlegende Problem der Datenschutz-Grundverordnung auf. Werden die Daten gar nicht elektronisch erfasst, sondern die Karten wie zu Großvaters Zeiten in einem Visitenkartenkasten abgelegt, kommt die DSGVO gar nicht zum Tragen. Der bis ins Absurde übertrieben geregelte Datenschutz verführt also dazu, die althergebrachte analoge Vorgehensweise fortzusetzen, statt auf die moderne digitale Variante zu setzen. Die Visitenkartenfalle ist indes noch das kleinste Beispiel dafür, wie der falsch verstandene Datenschutz dem Fortschritt bei der Digitalisierung entgegensteht. Wer die Meinung vertritt, dass sowieso viel zu viel digitalisiert wird und wer das Traditionelle bewahren will, mag eben diese Hemmung an sich als Fortschritt betrachten. Doch für eine Gesellschaft, die insgesamt und vor allem weltweit auf eine zunehmende Digitalisierung setzt, ist eine „Insel der datengeschützten Glückseligen" weniger erstrebenswert. Zur Klarstellung: Das bedeutet keineswegs, dass wir weniger Datenschutz benötigen, sondern das heißt, dass wir einen klügeren Datenschutz einführen sollten, der in der Praxis besser funktioniert, statt bürokratische Regelwerke aufzubauen, die einen Scheinschutz darstellen, uns in Wahrheit aber mehr behindern als schützen. Einen solchen Scheinschutz stellen auch Lizenzvereinbarungen dar.

Lizenz gelesen – wirklich?

Hand aufs Herz: Wer hat schon jemals bei der Nutzung einer Standardsoftware die dazugehörige Lizenzvereinbarung gelesen geschweige denn verstanden? Dasselbe gilt für die Vielzahl der Datenschutzbestimmungen, die einem bei praktisch jedem Digitalservice von der App bis zur Website entgegenströmen. Wer will schon auf die Dienste von Apple, Amazon, Facebook oder Google verzichten, weil er mit diesem oder jenem Punkt aus der Datenschutzerklärung nicht einverstanden ist? Die Anzahl der Datenverweigerer ist verschwindend gering. Und je mehr und je häufiger wir mit immer längeren juristischen Texten „beworfen" werden, desto eher neigen wir dazu, einfach den Button „Ich bin einverstanden" zu drücken und uns darauf zu verlassen, dass es „schon irgendwie gut geht". Dieses Verhalten ist nicht neu: Bei der Eröffnung eines Bankkontos oder der Unterzeichnung eines Mietwagenvertrags haben die meisten Menschen noch nie die Allgemeinen Geschäftsbedingungen gelesen geschweige denn verstanden. Aber die Flut der Datenschutzerklärungen, der wir uns dank der Datenschutz-Grundverordnung ausgesetzt sehen, führt dazu, dass wir leichtfertiger als je zuvor unser Einverständnis erklären, ohne genau zu wissen, wozu wir jeweils zustimmen. Daher kann man die DSGVO getrost als ein Werk von Juristen für Juristen an der Bevölkerung vorbei bezeichnen – was fatal für unsere digitale Gesellschaft ist, denn wir benötigten angesichts der allgegenwärtigen Digitalisierung unseres Lebens mehr Schutz unserer Privatsphäre als jemals zuvor.

Umfassendster Datenschutz der Menschheit

Faktisch führte das wohl umfassendste Datenschutzgesetz in der gesamten Menschheitsgeschichte dazu, dass die Bevölkerung den Schutz ihrer Privatsphäre immer weniger ernst nahm. Die Wirtschaft wurde gezwungen, ihre Praktiken im Umgang mit den Daten bis ins kleinste Detail zu dokumentieren, damit der mündige Bürger jederzeit nachvollziehen kann, was mit seinen persönlichen Daten passiert. Nur: Der mündige Bürger interessiert sich immer weniger dafür.

Das hat einen einfachen Grund: Die Datenschutz-Grundverordnung steht geradezu exemplarisch für ein altmodisches Datenschutzverständnis, das zukunftsgerichteten Entwicklungen etwa in Richtung Künstlicher Intelligenz weitgehend die Grundlage entzieht. Mehr Datenschutz bedeutet in dieser neuen digitalen Welt nämlich nicht, von der Bevölkerung an immer mehr Stellen immer häufiger die Zustimmung zur Verwendung ihrer Daten zu verlangen, sondern die Infrastruktur darauf auszurichten und die Anbieter digitaler Dienste zu verpflichten, den Schutz der Privatsphäre zu gewährleisten. Wer ein Auto fährt, wird schließlich auch nicht ständig gefragt, ob er der Sicherheit von Motor, Reifen oder Bremsen noch vertraut, sondern es obliegt dem Hersteller, einen sicheren Wagen bereitzustellen, und dem TÜV, diese Sicherheit regelmäßig zu überprüfen.

Gut gemeint ist nicht gleich gut gemacht

Die Datenschutz-Grundverordnung ist das vielleicht beste Beispiel dafür, dass „gut gemeint" nicht gleichzusetzen ist mit „gut gemacht". Als die Idee eines europaweit einheitlichen Datenschutzes geboren wurde, waren die Vorsätze der Politik zweifelsohne sinnvoll: Schutz der Bevölkerung vor digitalem Ausspähen, vereinheitlicht über alle europäischen Länder hinweg und nicht zuletzt Abwehr der ausländischen Digitalkonzerne. Die Datensammelwut vor allem der US-amerikanischen Digitalgiganten war den europäischen Politkern schon länger ein Dorn im Auge und die DSGVO sollte Facebook, Google & Co einen Riegel vorschieben. Die große Hoffnung: Die neue Verordnung könnte die globale Digitalwirtschaft dazu bringen, ihr weltweites Geschäftsmodell darauf auszurichten, dem europäischen Datenschutz zu genügen. Damit hätte Europa eine weltweite Vorbildrolle für den Schutz der Privatsphäre in der neuen digitalen Ära übernommen. Dieses große Ziel sollte man auch heute noch nicht aus den Augen verlieren.

Doch in der Realität trat bislang das Gegenteil ein. Während die US-amerikanischen Digitalkonzerne die DSGVO listig ausgenutzt haben, um an noch mehr Daten auch europäischer Nutzer heranzukommen, wurde die europäische Wirtschaft, ja mehr noch das Gemeinwesen in Europa, bezüglich des Umgangs mit der digitalen Realität zutiefst verunsichert und in vielerlei Hinsicht lahmgelegt.

Facebook erdreistet sich

Facebook lebte in besonders dreister Weise vor, wie leicht man der europäischen Politik ein Schnippchen schlägt. Der Konzern nutzte die durch die DSGVO notwendige gewordene erneute Zustimmung seiner Nutzer zu den neuen Datenschutzbestimmungen dazu, um quasi durch die Hintertür die automatische Gesichtserkennung in Europa einzuführen. Das heißt, jeder Facebook-Nutzer wird auf Fotos von der KI-Software des Unternehmens erkannt und seinem Profil zugeordnet. Als Facebook wenige Jahre zuvor dieses Feature in Europa einführen wollte, gab es einen Aufschrei und die Firma legte das Projekt zunächst auf Eis. Die DSGVO ermöglichte Facebook im Frühsommer 2018 unter dem Deckmantel des erweiterten Datenschutzes genau dieses Feature einzuführen, ohne dass es weiter auffiel. Auch hier war die Zustimmung natürlich freiwillig; wer allerdings die neuen Bestimmungen ablehnte, konnte fortan Facebook nicht mehr nutzen. Und natürlich hat die automatische Gesichtserkennung einen durchaus entscheidenden Vorteil: Man wird benachrichtigt, wenn irgendjemand Bilder hochlädt, auf denen man zu sehen ist, selbst dann, wenn man nicht namentlich erwähnt wird. Wieder einmal gilt: Der Vorteil überwiegt die Bedenken hinsichtlich der Privatsphäre.

Genau diese Abwägung zwischen dem eigenen Recht auf informationelle Selbstbestimmung und der Bequemlichkeit fällt leider allzu häufig zugunsten letzterer aus. Häufig könnten wir mit wenigen Mausklicks unsere Privatsphäre schützen – wenn wir nur wollten, wenn wir selbst den Schutz unserer eigenen Daten ernst nehmen würden. Wer die DSGVO schlechtredet, wie es in diesem Buch an vielen Stellen geschieht, der muss sich selbst fragen, welchen Wert er eigentlich auf seinen persönlichen Datenschutz legt. Wie so oft im Leben gilt es, die Schuld nicht nur bei „den anderen“ zu suchen, sondern bei sich selbst anzufangen. Doch Facebook ist nur ein Beispiel, wie die Digitalkonzerne die DSGVO für sich ausnutzten, während andere darunter litten.

Mittelstand und Vereine lahmgelegt

So erwiesen sich die Auswirkungen der neuen Datenschutz-Grundverordnung vor allem auf Kleinbetriebe, die mittelständische Wirtschaft und die im Vereinswesen organisierte Gesellschaft als gravierend. Der Grundgedanke der Politiker, dass jeder Betrieb und jeder Verein nur so wenige persönliche Daten wie unbedingt nötig erheben und speichern sollte, dass der Einzelne jeder Verwendung seiner eigenen Daten explizit zustimmen muss, erwies sich als Rohrkrepierer, weil es schlichtweg den Alltag außer acht lies.

Visitenkarte als Rechtsverletzung

Jede Visitenkarte entpuppte sich als potenzielle Rechtsverletzung. Wer eine Visitenkarte überreicht bekommt und in seinem Smartphone speichert, fällt unter die DSGVO. Der Übergeber der Visitenkarte müsste also wohl per Anruf oder E-Mail informiert werden, dass seine Daten gespeichert sind, wozu und wie lange, und um sein Einverständnis dazu gebeten werden. Erfolgt keine Zustimmung, müssten die Daten wieder gelöscht und über die Löschung ein Protokoll geführt werden. Wenn ein Gastwirt einen Anruf zur Reservierung eines Tisches bekommt, fällt er unter die DSGVO, sobald er nach dem Namen fragt, um diesen elektronisch zu erfassen, müsste also wohl die vorgenannte E-Mail-Prozedur vollziehen. Sportvereine verzweifeln bei der Mitgliederverwaltung. Der Mitschnitt eines Fußballspiels wird zum Datenschutz-GAU, weil nicht nur von jedem Spieler, sondern auch von jedem Zuschauer eine Datenschutz-Einverständniserklärung einzuholen ist. Wer nicht zustimmt, muss auf dem Bild- bzw. Videomaterial bis zur Unkenntlichkeit verpixelt werden, Aufnahme für Aufnahme, Szene für Szene. Wohlgemerkt: Die Sportvereine waren bis ins Detail gefordert, während gleichzeitig Facebook die automatische Gesichtserkennung großflächig einführte. Der Verein „Bewegungs- und Rehabilitationssportgemeinschaft Ingelheim" zog die Konsequenzen, als der Vorstand gesammelt zurücktrat, weil er sich mit der DSGVO überfordert sah. Die Erzdiözese Freiburg stoppte alle Übertragungen von Gottesdiensten im Internet, weil die neuen DSGVO-konformen Kirchen-Regeln vorsahen, dass jeder Gottesdienst-Besucher der Übertragung einzeln schriftlich zustimmen müsste. Und das sind nur einige wenige bekannt gewordene Beispiele.

Ein besonders eklatantes Beispiel, wie fatal falsch verstandener Datenschutz ist, fiel mitten in die Corona-Krise. 2021 öffneten immer mehr Teststellen, an denen sich Menschen testen lassen konnte, ob sie mit Corona infiziert sind oder nicht. Die Zulassungshürden für die Eröffnung einer Teststation waren niedrig, um möglichst schnell ein flächendeckendes Netz entsteht. Jeder Unternehmer konnte ein Testzentrum eröffnen, ein Online-Kurs genügte. Der Staat zahlte für jeden Test, der vorgenommen wurde. Diese unbürokratische Vorgehensweise lockte zahlreiche schwarze Schafe an, die bei sagen wir 100 durchgeführten Tests einfach 1.000 Tests abrechneten – pro Test wurden 18 Euro gezahlt, der Betrug lohnte sich also. Eine Überprüfung war praktisch unmöglich, weil die Testzentren aus Datenschutzgründen keine Anschriften der Getesteten an die Behörden weiterleiten durften. So öffnete der Datenschutz Betrügern Tür und Tor. Das war in der Corona-Krise nur ein Beispiel unter vielen für die absurden Auswirkungen überzogenen Datenschutzes. Ein weiteres führt nach Niedersachsen. Das Bundesland konnte bei der Impfkampagne für Senioren die Daten des eigenen Melderegisters nicht verwenden, weil der private Dienstleister, der mit dem Versand der Einladungen beauftragt war, die Daten nicht nutzen durfte. Stattdessen wurde eine Adresskartei bei der Deutschen Post eingekauft. Der Staat kauft Daten seiner Bürger bei einem privaten Unternehmen? Es wurde sogar noch absurder. Die Daten der Post waren wiederum unvollständig. Es fehlte oftmals die Altersangabe. Doch diese war gerade wichtig, weil bei der Priorisierung der Impfkampagne zunächst nur ältere Semester geimpft werden durften, während die Jüngeren noch warten sollten. Wie wurde dieses durch den Datenschutz verursachte Problem gelöst: durch das sogenannte „Schätzalter auf Vornamensbasis“. Motto „Wer Gertrud, Gerda oder Heinz heißt, wird geimpft“. Wohlgemerkt, die tatsächlich Daten lagen durchweg vor, nämlich im staatlichen Melderegister. Doch sie durften nicht genutzt werden aus Datenschutzgründen, obgleich es um den Schutz des

Lebens der Senioren durch eine Impfung ging. Der Datenschutz war indes wichtiger als der Schutz des Lebens.[26]

Es sind diese Beispiele, die bei vielen Menschen den Eindruck entstehen ließen, der Datenschutz sei in erster Linie hinderlich und die Datenschutz-Grundverordnung absurd. Wer will weiten Teilen der Bevölkerung ihre Datenschutz-Verdrossenheit verübeln. Doch machen wir uns klar: Je stärker diese Verdrossenheit um sich greift, desto geringer wird der Datenschutz sein, den wir in unserem Alltag erleben. Und es sind gerade die Alltagssituationen, denen die DSGVO wenig gerecht wird.

Gesetzes-Ungetüm irrsinnig in der Praxis

Die EU-Parlamentarier haben mit der DSGVO ein Gesetzes-Ungetüm geschaffen, das sich in der Praxis schlichtweg als irrsinnig erwies. Der sicherlich gut gemeinte Versuch, sich gegen die Orwell'sche Welt zu wehren, ist (vorläufig) grandios gescheitert. Der wichtige Datenschutz wurde zum Hohn, löste Angst und Häme aus. Damit bereiteten die Parlamentarier ungewollt den Nährboden dafür, den Schutz der Privatsphäre in einer Weise zu diffamieren, von dem sie sich sehr lange nicht und möglicherweise nie wieder erholen wird.

Wie konnte das passieren? Die Antwort ist leicht: Die Parlamentarier hatten sich von einem zumindest 20 Jahre alten Datenschutzgedanken leiten lassen. So wenige Daten wie möglich sollten so kurz wie möglich gespeichert und der Bürger allumfassend die Herrschaft über die von ihm erfassten Daten bekommen. Es handelte sich dabei in der Tat um den Stand der Dinge in den 70er und vielleicht auch noch in den 80er Jahren.

Aber in einer Zeit, in der Millionen von Menschen ihren Alltag in Facebook vor einer breiten Öffentlichkeit ausbreiten, kommt Datenvermeidung schlichtweg einem Anachronismus gleich. Wer mit Schnuller und Smartphone aufwächst, pflegt einen Umgang mit der Digitalwelt, bei dem vor allem die Bequemlichkeit und das persönliche Erleben im Vordergrund stehen. Ein moderner Datenschutz muss dieser neuen Generation Rechnung tragen und in den Infrastrukturen und bei den Anbietern der digitalen Dienste ansetzen statt ein Gutteil des Schutzes in die Hände damit weitgehend überforderten Bevölkerung zu geben.

20 Jahre altes Verständnis von Datenschutz

Vor allem aber verhindert das mehr als 20 Jahre alte Datenschutzverständnis Innovationen wie etwa Künstliche Intelligenz (KI). Das maschinelle Lernen, wie Künstliche Intelligenz auch häufig bezeichnet wird, lebt davon, dass möglichst viele Daten erfasst und ausgewertet werden, um daraus „intelligente“ Schlussfolgerungen zu ziehen. „Big Data“ und KI hängen unmittelbar zusammen.

Auch das Internet der Dinge, das vorsieht, dass immer mehr Alltagsgegenstände ans Internet angeschlossen werden, wird durch die altmodische Datenschutzgesetzgebung behindert. Wenn jedes Kleidungsstück mit einem Chip versehen ist, wie viele Datenschutzerklärungen muss man dann beim Anziehen wohl bestätigen?

Böse Zungen behaupten, die Verordnung der Brüsseler Bürokratie besiegelt das Ende des Datenschutzes, indem sie ihn derart monströs aufbläst, dass er ad absurdum geführt wird. Die alte Regel „Gut gemeint ist nicht immer gut gemacht" gilt auch in der digitalen Welt. Dagegen sprechen allerdings die hohen Geldbußen, die Firmen bei Verletzungen der DSGVO drohen. Verstöße gegen das Datenschutzrecht kommen die Unternehmen und die verantwortlichen Führungskräfte seit dem 25. Mai 2018 – an diesem Tag trat die DSGVO in Kraft – deutlich teurer als früher.

Hohe Geldbußen bei Verstößen

Die höchste Geldbuße, die zuvor jemals von einer deutschen Datenschutzbehörde verhängt wurde, waren 1,3 Millionen Euro, die der Debeka Krankenversicherungsverein 2014 zahlen musste.[27] Auf Basis der Datenschutz-Grundverordnung stehen seit 2018 wesentlich höhere Bußgelder im Raum. Laut DSGVO müssen die Aufsichtsbehörden Sorge tragen, dass sie Geldbußen festsetzen, die in jedem Einzelfall wirksam, verhältnismäßig und abschreckend wirken. Demgegenüber hatte das Bundesdatenschutzgesetz nur vorgeschrieben, dass die Geldbuße den wirtschaftlichen Vorteil, den der Täter aus der Ordnungswidrigkeit gezogen hat, übersteigen muss.

Der Bußgeldrahmen ist mit der DSGVO drastisch verschärft. Die beteiligten Personen müssen mit Geldbußen bis zu 20 Millionen Euro rechnen. Bei Unternehmen ist eine umsatzbezogene Berechnung der Bußgelder möglich. Je nach Verstoß können dabei gegen Unternehmen Geldbußen von bis zu 2 bzw. 4 Prozent des gesamten weltweit erzielten Umsatzes des vorangegangenen Geschäftsjahrs festgesetzt werden. Dabei können durchaus drastische Geldbußen herauskommen. Es gibt einen umfangreichen Katalog von Kriterien der DSGVO, nach dem die Geldbußen festzusetzen sind.

Zudem ist in der Datenschutz-Grundverordnung festgelegt, dass neben materiellen auch immaterielle Schäden, die auf Verstößen gegen die Verordnung basieren, zu erstatten sind. Die DSGVO erwähnt im Gegensatz zum Bundesdatenschutzgesetz ausdrücklich immaterielle Schäden. Zuvor hatte der deutsche Gesetzgeber ungeachtet der Kritik daran die Datenschutzrichtlinie so umgesetzt, dass bei privater Datenverarbeitung immaterielle Schäden überhaupt nicht und bei automatisierter Datenverarbeitung durch öffentliche Stellen nur bei schweren Verletzungen des Persönlichkeitsrechts in Betracht kamen. Diese deutliche Erhöhung der Bußgelder stellt zweifelsohne einen der wichtigsten Fortschritte der DSGVO gegenüber der vorherigen Rechtslage dar.

E-Privacy Verordnung

Wer die DSGVO schon ob ihrer Praxisferne für absurd hält, wird kaum noch vom Kafkaesken Potenzial der e-Privacy-Verordnung überrascht sein, die im Laufe der 2020 Jahre in Kraft treten soll. Eigentlich hatten die EU-Parlamentarier geplant, dass die DSGVO und die e-Privacy-VO zusammen im Jahr 2018 ihre Wirkung entfalten. Doch das Unterfangen der e-Privacy-VO war zu groß, weshalb das Gesetzgebungsverfahren mehr Zeit in Anspruch nahm, als ursprünglich geplant.[28]

Es bleibt zu hoffen, dass die Parlamentarier diese Zeit nutzen, um bei der e-Privacy-VO nicht die Fehler der DSGVO zu wiederholen. Ziel sollte nicht ein möglichst umfassendes Gesetzesungetüm sein, sondern ein schlankes und vor allem praxisnahes Regelwerk, das den Betreibern der digitalen Infrastrukturen und den großen Anbietern der digitalen Dienste die Bürde des Datenschutzes auflädt, nicht den kleinen Firmen und Vereinen oder gar den Bürgern.

Toaster mit Privatsphäre

Das mehr Zeit benötigt wird, ist verständlich, wenn man sich klar macht, dass die e-Privacy-VO nichts Geringeres zum Ziel hat, als die gesamte elektronische Kommunikation zu regulieren. Dazu gehören Bereiche, die den meisten von uns noch gar nicht bewusst sind oder dessen Schutzwürdigkeit wir nicht bedacht haben. Nehmen wir das Internet der Dinge. Wenn unser Toaster, unsere Waschmaschine, unser Kühlschrank, unser Haushaltsroboter, unsere Zahnbürste oder unser Smart Home immer vernetzter sind und immer mehr über uns wissen, fällt natürlich auch der Datenaustausch zwischen diesen Geräten unter den Schutz der Privatsphäre. Welche Daten darf die elektrische Zahnbürste, die mit einer Minikamera versehen ist, das Gebiss zweimal täglich erfasst, an wen und wozu übermitteln, und wer darf diese Daten unter welchen Umständen und zu welchen Zwecken auswerten? Der Hersteller der Zahnbürste, die Krankenkasse, der Zahnarzt des Vertrauens? Ähnliches gilt für die Computeruhr – die Smart Watch – die mit immer mehr Sensoren ausgerüstet die Gesundheit seines Besitzers rund um die Uhr überwacht. Sitzen, laufen, rennen, Herzschlag, Pulsfrequenz und wer weiß schon was noch alles werden permanent erfasst. Wem gehören diese Daten? Mit allen diesen Fragen hat sich der EU-Gesetzgeber beschäftigt und daher auch die Maschine-zu-Maschine-Kommunikation, die in der DSGVO keine Berücksichtigung findet, in die e-Privacy-VO aufgenommen.

Das Verhältnis zwischen DSGVO und e-Privacy-VO

Im Gegensatz zur DSGVO müssen die ausgetauschten Daten keinen Personenbezug haben, um von der e-Privacy-VO erfasst zu werden. Dem europäischen Gesetzgeber geht es damit um nicht weniger als den Schutz des Online-Briefgeheimnisses für WhatsApp und Co. Für den Fall, dass die elektronische Kommunikation personenbezogene Daten enthält, wird zukünftig die e-Privacy-VO vor den Bestimmungen der DSGVO anzuwenden sein. Dabei setzt die neue Verordnung viel stärker als die DSGVO auf die Einwilligung des Nutzers um die Datenverarbeitung zu erlauben. Das soll vor allem die Rechte der Nutzer stärken, erzeugt jedoch auch rechtliche und wirtschaftliche Unsicherheiten. Wer meint, dass die DSGVO schon einen Wirbelsturm verursacht hat, darf von der e-Privacy-VO einen Tornado erwarten.

Einerseits steht es zu befürchten, dass der allumfassende Kommunikationsschutz der EU-Parlamentarier der europäischen Wirtschaft Innovationshemmnisse auferlegt, die Europa endgültig ins Hintertreffen hinter die USA und China werfen wird. Vielen Geschäftsmodellen der Digitalwirtschaft könnte damit schlichtweg die Grundlage entzogen werden, wenn die Regelungen in der vorgeschlagenen Form verabschiedet werden. Andererseits steht immerhin der Schutz unserer Privatsphäre in einer von der Digitalisierung durchdrungenen Welt auf dem Spiel.

Wie immer die Regelungen der e-Privacy-Verordnung aussehen: Klar ist, dass sie für jeden gelten werden, vom Blogger über mittelständische Firmen bis hin zu den Digitalkonzernen. Es steht zu befürchten, dass – wie schon bei der DSGVO – die Freiberufler, Selbstständigen und kleineren Firmen deutlich mehr darunter leiden werden als die Konzerne von Amazon über Facebook bis Google. Die Digitalgiganten könnten genau wie bei der DSGVO Wege finden, die Neureglungen zu nutzen, um sich noch mehr Einsicht in die Privatsphäre ihrer Nutzer zu verschaffen, während die mittelständischen Firmen der dann neuen Rechtslage kaum nachkommen werden. Warum das zu befürchten ist? Ganz einfach: Amazon, Facebook und Google sind für Milliarden von Menschen unentbehrlich geworden. Sie können sich ein Leben ohne diese Dienste gar nicht mehr vorstellen und wollen es auch nicht. Das hat zur Konsequenz, dass diese Milliarden von Menschen etwaigen neuen Datenschutz- oder e-Privacy-Geschäftsbedingungen dieser Konzerne zustimmen werden, wobei es im Grunde genommen gleichgültig ist, wie diese Bedingungen genau aussehen. Hand aufs Herz: Wer hat jemals die Allgemeinen Geschäftsbedingungen von Amazon, Facebook oder Google durchgelesen? Wer hat sie verstanden? Wer hat Fragen dazu? Wer hat jemals diesbezüglich eine Frage an eines dieser Unternehmen gerichtet und wer erwartet ernsthaft eine Antwort darauf? Aber: Wir alle haben dennoch unser Einverständnis mit den Geschäftsbedingungen eben dieser Firmen erklärt. Und wir alle werden auch allen künftigen Änderungen der Bedingungen zustimmen. Denn wir wollen auf Amazon, Facebook und Google nicht verzichten – jedenfalls die meisten von uns nicht.

Ganz anders bei kleineren Anbietern, deren Dienste nicht für Milliarden von Menschen von Belang sind. Diesen Firmen geben wir schnell den Laufpass, wenn sie uns aufgrund gesetzlicher Rahmenbedingungen um etwas bitten (müssen). In Folge der DSGVO wurde dies offensichtlich: Tausende kleinerer Firmen sahen sich gezwungen, Kunden und Interessenten, die sie seit Jahren per E-Mail über aktuelle Angebote informierten, um ihre erneute Zustimmung zum Erhalt von Newslettern zu bitten. Millionen von Verbrauchern nahmen dies zum Anlass, sich abzumelden. Dadurch hat der Mittelstand einen Großteil seiner potenziellen Kundschaft verloren. Kritiker sprachen von einer Enteignung der mittelständischen Wirtschaft im großen Stil. Mit der e-Privacy-Verordnung wird es noch viel dramatischer. Große Rechtsunsicherheit, eine neue komplexe Rechtsmaterie und eine mutmaßlich ähnliche Praxisuntauglichkeit wie bei der DSGVO könnten die e-Privacy-Verordnung zur Stolperfalle für die europäische Digitalwirtschaft machen. Einzig die großen US-Digitalkonzerne, deren Services unverzichtbar sind, könnten hingegen zu den Gewinnern gehören. Wollen wir dem Gesetzgeber eine „glückliche Hand" wünschen, in diese Falle nicht zu tappen, sondern bei der e-Privacy-Verordnung ein Regelwerk aufzustellen, dass praxisgerechter ist, und vor allem die großen Infrastruktur- und Dienstebetreiber „an die Kandare nimmt" statt sich bei Mittelständlern, Vereinen und Bürgern auszutoben.

Worum geht es bei e-Privacy?

Die e-Privacy-Verordnung ist vergleichbar komplex wie ihre offizielle Bezeichnung: Regulation of the European Parliament and of the Council concerning the respect for private life and the protection of personal data in electronic communications.

Die e-Privacy-Verordnung spezifiziert die Europäische Datenschutzgrundverordnung (EU-DSGVO) – bzw. im englischen Original die General Data Protection Regulation GDPR – im Hinblick auf Vorgaben für datenschutzfreundliche Software-Technik. Sie soll die bis dahin geltende E-Privacy-Richtlinie (2002/58/EG) und die dazu noch ergänzende Cookie-Richtlinie (2009/136/EG) ablösen.

Im Kern will die EU damit etwas Gutes tun, nämlich die Privatsphäre von Bürgern online stärken und den Datenschutz intensiver regulieren. Politisches Ziel ist es, das Vertrauen der Menschen in digitale Kommunikationswege zu stärken. Dies soll auch zu einer Stärkung des digitalen EU-Binnenmarktes beitragen. Indem dieselben Regeln in allen EU-Ländern gelten, soll den Firmen das digitale Geschäft innerhalb der Europäischen Union erleichtert werden. Aber wie so oft, wenn sich Parlamentarier mit einer Materie befassen, von der der Großteil von ihnen keine Ahnung hat, ist das Desaster vorprogrammiert. Die e-Privacy-Verordnung wird mehr Unternehmen betreffen als jedes vorangegangene Datenschutzgesetz. Die Vorschläge, die seit langem gemacht werden, richten sich konkret auch an Softwareanbieter, also zum Beispiel an Anbieter von Apps wie WhatsApp oder Skype – und somit prinzipiell an die komplette Online-Branche.

Dazu gehört auch die Maschine-zu-Maschine-Kommunikation, ein Kernstück des Internets der Dinge und der Industrie 4.0. Für diese Datenübermittlung soll das Gleiche gelten, wie auch für solche, bei der die Nutzer direkt involviert sind. Geplant ist, dass Geräte nur dann persönliche Daten übermitteln dürfen, wenn die Nutzer dem ausdrücklich zustimmen.

Vielleicht gut gedacht, aber möglicherweise nicht gut gemacht. Wer will denn schon ständig zustimmen, ob die Kaffeemaschine, der Kühlschrank, die Waschmaschine, der Toaster, die Zahnbürste, die Heizungssteuerung etc. Daten übermitteln soll. Viele Kritiker gehen von einer völlig wirklichkeitsfremden „Zustimmungs-Orgie“ aus, die den Verbraucher maßlos überfordert und letztlich sich selbst unwirksam macht, weil man schlichtweg allem zustimmen muss, was im Minutentakt eingefordert wird.

Generell soll gelten, dass Nutzer darüber informiert werden müssen, welche Daten von ihnen man zu welchem Zweck aufnimmt. Deshalb soll eine Zustimmung auch nicht versteckt in den AGB möglich sein oder an andere Dienste gekoppelt werden. Wenn beim Onlineshopping beispielsweise Benutzerdaten übertragen werden müssen – und das müssen sie immer – ist dies zulässig. Nicht zulässig soll es allerdings sein, diese Daten dann auch noch für Werbezwecke zu verwenden. Hierfür wäre eine neue, spezifische Zustimmung nötig.

Darüber hinaus soll es Nutzern ermöglicht werden, eine erteilte Einwilligung alle sechs Monate zu widerrufen („Recht auf Vergessenwerden“). Dies hat enorme Auswirkungen auf alle Unternehmen. Datenbanken müssen so angelegt werden, dass jederzeit gezielt einzelne Datensätze gelöscht werden können. Und zwar nicht nur aus dem aktuellen Bestand, sondern auch aus allen Backups. Dies wird wohl eine der größten Herausforderungen für Unternehmen.

Die e-Privacy-Verordnung soll nicht nur dem Abgreifen persönlicher Daten durch Unternehmen einen Riegel vorschieben. Auch das Eingreifen von staatlichen Stellen soll dadurch stärker reguliert werden. So soll eine Ende-zu-Ende-Verschlüsselung obligatorisch werden: Jede Datenübertragung soll vollständig verschlüsselt stattfinden und auch nicht von Regierungen eingesehen werden können. Die Einrichtung von *Backdoors* soll ebenfalls verbindlich verboten werden: Hintertüren, die Hersteller einbauen, um Regierungen einen Zugang zu gewähren, wären demnach illegal. Wir können einigermaßen sicher sein, dass sich die deutschen Behörden daran halten werden, vermutlich abgesehen vom Bundesnachrichtendienst, der sich schon immer als einfallsreich erwiesen hat, wenn es darum geht, die Bürger zu bespitzeln. Ob sich die Geheimdienste Chinas, Russlands und der Vereinigten Staaten von Amerika an die e-Privacy-Verordnung der Europäischen Union halten werden, darf bezweifelt werden.

Wann kommt das e-Privacy-Chaos?

Seit April 2016 wird ergebnislos über die e-Privacy-Verordnung diskutiert. Im Januar 2017 hat die EU-Kommission einen ersten Entwurf vorgelegt. Anschließend haben mehrere

Ausschüsse Stellungnahmen zu den Vorschlägen abgegeben, im Oktober 2017 kam es zu einem eigenen Entwurf des EU-Parlaments (zu diesem Zeitpunkt war die DSGVO bereits beschlossen). Etwa einen Monat später veröffentlichte die EU-Ratspräsidentschaft einen Sachstandsbericht, in dem der aktuelle Stand der Dinge zusammengefasst wurde. Als Nächstes muss der EU-Rat über den Entwurf entscheiden.

Bei Drucklegung dieses Buches geht man davon aus, dass eine Einigung über die Entwürfe im Laufe der 2020er Jahre erfolgen wird. Da eine einjährige Übergangszeit vorgesehen ist, muss man also nicht mit einer plötzlichen Umsetzung des Entwurfs rechnen. Inwieweit sich der Entwurf bis dahin noch ändert, kann man bisher zwar nicht absehen, aber es ist äußerst wahrscheinlich, dass es noch viele Änderungen geben wird.

Wird künftig gegen Regelungen aus der neuen e-Privacy-Verordnung verstoßen, droht ein hohes Bußgeld. Die Höchstbeträge entsprechen denen aus der Datenschutz-Grundverordnung und betragen je Verstoß bis zu vier Prozent des weltweiten Vorjahresumsatzes bzw. bis zu 20 Millionen Euro. Es besteht Hoffnung, dass die hohen Bußgelder insbesondere die großen Infrastruktur- und Diensteanbieter veranlassen werden, die Regelungen zum Schutz der Privatsphäre ernst zu nehmen und dementsprechend umzusetzen. Denn die meisten von uns wollen sicherlich weder Apple noch Amazon Einblick in unsere morgendliche Routine von der Zahnbürste bis zum Kaffee geben. Wir widersprechen, dass Google oder Facebook mittels Sensorik und KI unsere Gefühlswelt erforschen und benötigen auch Apple nicht zur permanenten Überwachung unserer Gesundheit. Es ist dieser urmenschliche Wunsch nach Privatheit, dem der Gesetzgeber mit der e-Privacy-Verordnung nachkommen sollte, wenn er die Sache richtig angeht. Und zwar – und das ist essenziell – nicht, indem wir als „Normalbürger“ minütlich Datenschutzerklärungen vom Toaster bis zum Kühlschrank zustimmend abklicken, sondern besser, intelligenter, praxisnäher.

Die Mär vom globalen Datenschutz

Lange Zeit war die Europäische Union blauäugig von der Fiktion ausgegangen, dass das hohe Datenschutzniveau der EU auch in anderen Ländern und insbesondere auch in den USA gelte. Das wäre schön, aber die Praxis sieht wohl anders aus. Vielleicht und hoffentlich wird die EU tatsächlich einmal zum Vorbild für den weltweiten Datenschutz – aber absehbar ist das vorläufig trotz zahlreicher Versuche nicht.

Die europäische Datenschutzrichtlinie 95/46/EG aus dem Jahre 1995 verbot es grundsätzlich, personenbezogene Daten aus den Mitgliedsstaaten der EU in Länder zu übertragen, deren Datenschutz kein dem EU-Recht vergleichbares Schutzniveau aufwies. Dazu zählten auch die Vereinigten Staaten, denn das US-amerikanische Recht kennt keine umfassenden gesetzlichen Regelungen, die den EU-Standards auch nur annähernd entsprechen würden. Damit der Datenverkehr zwischen der EU und den USA nicht zum Erliegen kam, wurde zwischen 1998 und 2000 ein besonderes Verfahren entwickelt.

Safe Harbor – der unsichere Hafen

US-Unternehmen konnten dem sogenannten Safe Harbor beitreten. Dazu mussten sie sich verbindlich selbst verpflichten, die Safe Harbor Principles („Grundsätze des sicheren Hafens“)

zu befolgen. Außerdem mussten sie sich in eine Liste des US-Handelsministeriums eintragen. Eine Überprüfung war nicht vorgesehen. Daher bestanden von Anfang an Zweifel, ob es die USA tatsächlich ähnlich ernst mit dem Datenschutz meinen wie die Europäische Union. Fünf Jahre lang war diese Praxis dennoch geltendes Recht und personenbezogene Daten konnten praktisch ungehindert aus der EU in die USA abfließen. Bis September 2015 waren etwa 5.500 amerikanische Unternehmen dem Safe-Harbor-Abkommen beigetreten, darunter so bekannte „Datensammler“ wie Amazon, Google und Facebook.

Fünf Jahre Naivität

Es waren fünf Jahre, in denen die EU mit einer Naivität ohnegleichen dem Abfluss der Daten ihrer Bürger in die USA nicht nur tatenlos zusah, sondern diese Situation sogar zum geltenden Recht erklärt hatte. Dabei hatten Juristen bereits im April 2010 erklärt, dass sich Datenexporteure in Deutschland nicht auf die Behauptung einer Safe-Harbor-Zertifizierung von US-amerikanischen Unternehmen verlassen dürften, und forderten konkrete Mindeststandards, die gewährleistet und auf Nachfrage der Aufsichtsbehörden auch nachgewiesen werden müssten. Da im Rahmen des US Patriot Acts US-Sicherheitsbehörden unter Umständen auch ohne Benachrichtigung der Dateninhaber Zugriff auf die in den Vereinigten Staaten gespeicherten Daten gewährt werden muss, geriet das Safe-Harbor-Abkommen immer mehr in die Kritik.

Das unabhängige Landeszentrum für Datenschutz in Schleswig-Holstein stellte alsbald fest, Safe Harbor ist „das Papier nicht wert, auf dem es geschrieben steht“. Nach den Enthüllungen des Whistleblowers Edward Snowden hatten die deutschen Datenschutzbeauftragten am 24. Juli 2013 die deutsche Bundesregierung und die Europäische Kommission aufgefordert, das Safe-Harbor-System zu überprüfen und bekannt gegeben, dass sie bis auf Weiteres keinen Datenexport in die USA unter dem Safe-Harbor-System zulassen. Die EU-Justizkommissarin Viviana Reding kündigte am 6. September 2013 eine Reform des EU-Datenschutzes an, in dem Unternehmen „mit Strafen von bis zu zwei Prozent des weltweiten Jahresumsatzes“ rechnen müssen, wenn sie „etwa illegal Daten übermitteln“.[97]

Edward Snowden hat der Welt die Augen geöffnet

Aber erst im Herbst 2015 hat der Europäische Gerichtshof dem Votum des Generalanwalts folgend das Safe-Harbor-Abkommen zwischen den USA und der EU für unwirksam erklärt. Spätestens mit der Veröffentlichung der Praxis der US-Geheimdienste durch Edward Snowden wurde deutlich, dass in den USA kein mit der EU vergleichbares Datenschutzniveau gewährleistet ist. Schon damals hatten deutsche Datenschutzbehörden erhebliche Bedenken geäußert. Allerdings war es zweifelhaft, ob die nationalen Datenschutzbehörden berechtigt waren, die Entscheidung der EU-Kommission eigenständig zu prüfen. Mit dem EuGH-Urteil trat endlich Klarheit ein.

Unternehmen, welche Datenübertragungen personenbezogener Daten mit Unternehmen in den USA auf Basis des Safe-Harbor-Abkommens vereinbart hatten, mussten ihre Verträge auf neue Grundlagen stellen, gegebenenfalls die Zusammenarbeit mit dem amerikanischen Unternehmen beenden. Betroffen war eine Vielzahl von Unternehmen, die Cloud-Angebote amerikanischer Anbieter nutzten und dabei personenbezogene Daten in die USA transferieren bzw. dort speicherten und verarbeiteten. Die EU stand nach dem EuGH-Urteil unter erheblichem Druck, Rechtssicherheit zu schaffen.

Neue Regeln für den Datenaustausch

Anfang 2016 verkündeten die EU-Kommissare Vera Jourová und Andrus Ansip Einigung zwischen der EU und den USA über neue Regeln zu Datenaustausch und Datenschutz. Allerdings missachtete die neuerliche Einigung weiterhin in weiten Teilen die Entscheidung des Europäischen Gerichtshofs vom Oktober 2015, wonach die vorherigen Regeln zum transatlantischen Datenaustausch (Safe Habor) ungültig sind.

Der sogenannte EU-US Privacy Shield war von Anfang an als Mogelpackung zu erkennen. Es handelte sich dabei keinesfalls um einen Schutzschild für die Privatsphäre, sondern gab den US-Behörden ganz im Gegenteil ausdrücklich grünes Licht für die weitere Überwachung mit der lächerlichen Auflage der gegenseitigen Überwachung von US-Behörden untereinander.

Unwirksamer Schutzschild der Privatsphäre

Es blieb weiterhin völlig im Dunkeln, in welchem Umfang die US-Geheimdienste auf Daten von europäischen Unternehmen zugriffen. Die Behauptung, der vorgesehene Ombudsmann sei unabhängig von den Geheimdiensten, schaffte keinerlei Klarheit über die Machtbefugnisse dieser Position. Die USA hatten sicherlich ihre Gründe, sich nicht dazu zu verpflichten, europäisches Datenschutzrecht zu beachten. Akzeptabel wäre nur ein Klagerecht europäischer Unternehmen und Bürger vor amerikanischen Gerichten gewesen. Genau dieser Rechtsweg sollte aber nicht eröffnet werden.

Die Datenschutz-Grundverordnung (DSGVO) hat dieses Problem zwar mit aufgenommen, drückt sich jedoch mit sehr schwammigen Formulierungen vor klaren Aussagen. Zwar benennt Artikel 45 der DSGVO deutlich die Voraussetzungen für die Datenübermittlungen in Drittländer außerhalb der EU. Diese ist demnach zulässig, wenn die EU-Kommission beschlossen hat, dass das betreffende Drittland (oder ein Teil davon) ein angemessenes Schutzniveau bietet. Ist der Beschluss gefasst, bedarf die Datenübermittlung dorthin keiner besonderen Genehmigung. Die EU-Kommission kann solche Angemessenheitsentscheidungen hinsichtlich gesamter Rechtssysteme für Drittländer vornehmen, wie beispielsweise für Argentinien, Israel, Neuseeland und die Schweiz. Sie kann aber auch sektorspezifische Beschlüsse fassen. So gelten die USA insgesamt aus Datenschutzsicht als „unsicheres Drittland“. Der Angemessenheitsbeschluss bezog sich hinsichtlich der USA ausschließlich auf unter den Privacy Shield fallende Datenübermittlungen. Anders ausgedrückt: Die USA sind aus Datenschutzsicht unsicher, abgesehen von denjenigen Unternehmen und Organisationen in den USA, die unter den EU-US Privacy Shield fielen. Praktischerweise legte die US-Regierung selbst fest, welche Firmen und Organisationen die EU als sicher anzusehen hat. Die Zuständigkeiten hierfür lagen beim US-amerikanischen Handelsministerium und beim Heimatschutzministerium.

Der Privacy Shield hatte sich zu einer der wichtigsten Rechtsgrundlagen für die Übermittlung personenbezogener Daten an entsprechend zertifizierte US-Unternehmen entwickelt. Im Durchführungsbeschluss vom 16. Juli 2016 waren die Kriterien definiert, um ein ausreichendes Datenschutzniveau vonseiten der US-Firmen anzunehmen. Hatten die US-Unternehmen erst einmal diese Zertifizierung erlangt, konnten sie personenbezogene Daten aus der EU ohne weitere Hürden übernehmen. Im Grunde war die einzige Voraussetzung, dass die betroffenen Personen informiert werden müssten.

Zum zweiten Mal ist die EU naiv

Spätestens seit 2018 stellte sich allerdings die Frage: War die EU einmal mehr naiv, als sie den Privacy Shield ins Leben rief. Die skandalösen Vorgänge des millionenfachen Datenmissbrauchs rund um Facebook und Cambridge Analytica – beides zertifizierte Firmen – hatten deutlich gemacht, dass die Zertifizierung offenbar löchrig war, möglicherweise sogar ein einziges großes Loch. Mit der Verabschiedung des Cloud Acts durch den US-Kongress Anfang 2018 haben die Vereinigten Staaten ebenso klar gestellt, dass sie sich einen grundsätzlichen Rechtsanspruch auf alle Daten auf der Welt gleichgültig in welchem Land und unabhängig davon, welchem anderen Rechtssystem diese unterliegen, einräumen. Donald Trumps damalige „America first" ließ sich auch als „Uns gehört die Welt" und das hieß auch „Uns gehört die digitale Welt" interpretieren. Sein Nachfolger Joe Biden wählte höflichere Worte, aber agierte in der Sache ähnlich US-zentriert.

Am 26. Juni 2018 nahm das Europäische Parlament eine Entschließung zur Angemessenheit des vom EU-US-Datenschutzschild (Privacy Shield) gebotenen Schutzes an. Diese fordert die EU-Kommission unmissverständlich auf, gemäß Artikel 45 Absatz 5 der Datenschutzgrundverordnung (DSGVO) tätig zu werden, damit die in der Entschließung (und anderen Berichten) näher aufgeführten Umsetzungsanforderungen auf Seiten der USA bis spätestens 1. September 2018 realisiert würden. Anderenfalls forderte das Parlament eine Aussetzung des Privacy Shields. Es ist wohl kaum nötig zu erwähnen, dass die USA diese Frist weitgehend ungenutzt verstreichen ließen.

Die Hintergründe für den EU-Beschluss waren aus dem Beschlusstext klar ersichtlich. Vor allem waren es die Ergebnisse des ersten Revisionsberichtes der EU-Kommission vom 18. Oktober 2017. Dort wurde zwar ein allgemein positives Bild gezeichnet – sicherlich auch, um die politische Stimmung nicht von Anfang an einzutrüben –, aber es wurden auch sehr konkrete Sicherheitslücken aufgezeigt und zügige Abhilfemaßnahmen angemahnt. So hatte die Kommission in ihrem ersten Bericht zur jährlichen Überprüfung der Funktionsweise des EU-US-Datenschutzschilds festgestellt, dass die US-Behörden die erforderlichen Strukturen und Verfahren geschaffen hätten, damit der Datenschutzschild ordnungsgemäß funktionierte.

Daraus wurde gefolgert, dass die USA weiterhin ein angemessenes Schutzniveau für personenbezogene Daten gewährleisten, die im Rahmen des EU-US-Datenschutzschilds übermittelt würden. Indes wurden gleichzeitig zehn deutliche Empfehlungen an die US-Behörden übermittelt. Insbesondere gab und gab es erhebliche Bedenken, ob das US-Handelsministerium bei der Überwachung der Zertifizierung von Firmen und Organisationen im Hinblick auf den Datenschutz die notwendige Sorgfalt walten ließ. Weitere Bedenken betrafen die angemessene Berücksichtigung des Datenschutzes, wenn es um die nationale Sicherheit der USA geht.

Dazu gehörte beispielsweise die Genehmigung der Anwendung von Abschnitt 702 des Gesetzes über die Auslandsaufklärung (Foreign Intelligence Surveillance Act, FISA), die Ernennung einer Ombudsperson und der Tatsache, dass die Mitglieder des Privacy Civil Liberties Oversight Board (PCLOB, Stelle zur Überwachung des Schutzes der Privatsphäre und der bürgerlichen Freiheiten) lange Zeit schlichtweg nicht im Amt waren. Es drängte sich der Verdacht auf, die US-Regierung sei bereit, mehr oder minder alle Papiere zu unterzeichnen, in denen sie Datenschutz garantiert, obwohl sie an die Umsetzung kaum einen Gedanken verschwendete, sobald es entweder um wirtschaftliche Interessen oder um die nationale Sicherheit ging. Indes: In den USA ist kaum ein Thema vorstellbar, das sich nicht unter Wirtschafts- oder Sicherheitsaspekten darstellen lässt, sodass der Datenschutz faktisch obsolet wird.

Schon 2017 kamen Fragen zum Zugang der US-Behörden zu den unter dem Datenschutzschild an das Land (entweder zu Strafverfolgungszwecken oder zu Zwecken der nationalen Sicherheit) übermittelten Daten auf, mit denen sich sowohl die Kommission als auch die US-Behörden befassen sollten. Die entsprechende Arbeitsgruppe hatte die umgehende Erstellung eines Aktionsplans gefordert, um zu zeigen, dass sämtliche Bedenken angegangen werden, und zwar spätestens bei der nächsten gemeinsamen Überprüfung 2018.

Neben Datenübermittlungen auf Grundlage des Privacy Shield an zertifizierte US-Unternehmen sieht die DSGVO zwar auch andere Möglichkeiten vor. Diese sind prinzipiell: Vertrag oder Einwilligung des Betroffenen, Garantien wie die Verwendung von Standardvertragsklauseln, die Verabredung verbindlicher Verhaltensregeln (CoC) gemäß Artikel 40 DSGVO oder gemäß Artikel 42 DSGVO und zertifizierte Verfahren gemäß Artikel 46 DSGVO sowie verbindliche Datenschutzvorschriften (Binding Corporate Rules) gemäß Artikel 47 DSGVO.

Allerdings dürfte die Möglichkeit von Datenübermittlungen an zertifizierte US-Unternehmen eine der wichtigsten Optionen gewesen sein und es war von Anfang an klar, dass ein Entfall – ähnlich wie bei Safe Harbor – zu erheblichen Problemen führen würde. Der Privacy Shield und die Standardvertragsklauseln, die lange Zeit am häufigsten die Grundlage für die Übermittlung privater Daten in die USA darstellten, waren schon lange Gegenstand von Überprüfungen vor dem Europäischen Gerichtshof (EuGH).

In einer Entschließung wies das EU-Parlament ausdrücklich auf das Risiko hin, dass der dem Privacy Shield zugrunde liegende Durchführungsbeschluss der EU-Kommission (EU 2016/1250) schon in absehbarer Zeit durch den Europäischen Gerichtshof für ungültig erklärt werden könnte. Unternehmen könnten sich dann – wie schon einmal geschehen – von heute auf morgen nicht mehr auf die Zertifizierung eines US-Unternehmens bei transatlantischen Datenübermittlungen berufen.

Der Europäische Gerichtshof schreitet ein

Am 16. Juli 2020 war es schließlich soweit: Der Europäische Gerichtshof (EuGH) erklärte das transatlantische Datenschutzabkommen EU-US Privacy Shield für ungültig. Europäische Unternehmen, die US-Anbieter für die Speicherung personenbezogener Daten verwendeten, waren durch das Urteil der Gefahr ausgesetzt, gegen die Datenschutzbestimmungen der EU zu verstoßen. Deutsche Unternehmen waren gut beraten, ihre Datenbestände so schnell wie möglich von US-Diensten abzuziehen und auf deutsche Anbieter umzuleiten. Die Richter des EuGH wiesen in ihrer Urteilsbegründung ausdrücklich darauf hin, dass die Datenschutzbehörden verpflichtet sind, Datenübermittlungen auszusetzen oder zu verbieten, wenn zu vermuten ist, dass der Datenschutz in den USA nicht eingehalten wird. Faktisch erklärten die Richter damit die Standardvertragsklauseln, mit denen viele US-Anbieter das absehbare Kippen des Privacy Shield kaschieren wollten, für unsicher, auch wenn sie nicht grundsätzlich als ungültig befunden wurden. Mit Rechtssicherheit hat das jedenfalls nichts zu tun. Das EuGH-Urteil stellte die USA in Bezug auf den Datenschutz im Grunde auf eine Stufe mit sagen wir China, Nordkorea und Namibia.

Der Staat bespitzelt uns

Ausgerechnet der Staat, der mit der Datenschutz-Grundverordnung ein Bürokratiemonster erschaffen hat, das uns rundum vor digitaler Bespitzelung schützen soll, reiht sich selbst unter die Intensivtäter beim Angriff auf unsere Privatsphäre ein. In früheren Zeiten ging es dabei vor allem darum, eine möglichst breite Grundlage für die Besteuerung der Bevölkerung zu schaffen, wie am Anfang dieses Buches geschildert. Ebenso wichtig war der Überblick über die „wehrfähigen Männer“, um Heere zusammenstellen und damit in den Krieg ziehen zu können. Später wollte sich der Staat mittels Volkszählungen einen Überblick über „seine“ Bevölkerung verschaffen und gab vor, diese Daten für die Planungen der Zukunft zu benötigen. Die Volkszählung von 1987 stand beispielhaft für diesen staatlichen Wunsch einerseits und die Abneigung der Bevölkerung andererseits, ihre Daten preiszugeben, wie in einem vorangegangenen Kapitel dargelegt.

Mit dem Einzug der modernen Technik in unsere Zivilisation veränderte sich das Verlangen des Staates nach Daten über seine Bevölkerung: Es ging nicht länger darum, hin und wieder statistische Daten zu erfassen, sondern möglichst zeitnah – am liebsten in Echtzeit – die Bevölkerung zu überwachen. Die staatliche Bespitzelung nahm ihren Lauf. Wohlgemerkt: Es ist derselbe Staat, der uns vor dem Missbrauch unserer Daten mit ausufernden und in weiten Teilen praxisfernen Rechtsverordnungen schützen will, der uns gleichzeitig und äußerst praxisnah bespitzelt.

Der Große Lauschangriff

Am 16. Januar 1998 gab der Deutsche Bundestag den Startschuss für den „Großen Lauschangriff“ und am 6. März desselben Jahres genehmigte ihn der Bundesrat.[29] Die Bespitzelung ihrer Bürger war den Politikern so wichtig, dass sie hierfür eine Änderung des Grundgesetzes herbeiführten, nämlich durch Einfügung der Absätze 3 bis 6 in den Artikel 13 GG. Der Zweck dieser Änderung – besser: das Ziel – galt der akustischen Wohnraumüberwachung zu Zwecken der Strafverfolgung. Am 12. Mai 2005 erklärte das Bundesverfassungsgericht die Ausführungsbestimmungen dazu zwar für verfassungswidrig, bestätigte aber zugleich das Gesetz als grundsätzlich verfassungskonform. Demzufolge hat der Staat ein Recht darauf, seine Bürger in ihren eigenen vier Wänden zu belauschen, wenn er es für richtig hält. Genau dies war nämlich die Neuerung am „Großen Lauschangriff“: die Überwachung in der eigenen Wohnung. Schon lange zuvor sah die Strafprozessordnung einen „Kleinen Lauschangriff“ vor, der sich nur auf Gespräche im öffentlichen Raum sowie an allgemein zugänglichen Büro- und Geschäftsräumen bezog.

Es möge an dieser Stelle wahlweise als lustig, tragisch oder schlichtweg als vorausschauend anmuten, denn der Begriff

„Lauschangriff" findet sich erstmals 1968 in der Donald-Duck-Geschichte „Irrungen und Wirrungen mit einem Werwolf" in der Übersetzung von Erika Fuchs.[30] In die Politik hielt der Begriff erstmalig Einzug mit der „Lauschaffäre Traube", eine Abhöraktion des Bundesamtes für Verfassungsschutz (BfV), die den Manager und Umweltaktivisten Klaus Traube verdächtigte, mit Terroristen in Verbindung zu stehen. Diese Abhöraktion begann daher am 30. Dezember 1975 mit der Installation von Abhörwanzen in seiner Wohnung. Die Aktion war vom damaligen Bundesinnenminister Werner Maihöfer persönlich genehmigt worden. Am 28. Februar 1977 flog die Aktion auf, als das Nachrichtenmagazin *Spiegel* titelte: „Verfassungsschutz bricht Verfassung – Lauschangriff auf Bürger T."[31] Minister Maihofer erklärte im Zuge des Skandals am 8. Juni 1978 seinen Rücktritt. Damals wurde deutlich: Der Begriff „Lauschangriff" hatte längst den Weg von Donald Duck hinter sich gebracht und Einzug in das Behördendeutsch der Nachrichtendienste und Ministerien gehalten.

Globaler Lauschangriff auf die ganze Welt

Es dauerte bis Juni 2013, als der US-amerikanische Whistleblower und ehemalige Gemeindienstmitarbeiter Edward Snowden enthüllte, dass die National Security Agency (NSA) der Vereinigten Staaten von Amerika längst den „Globalen Lauschangriff" auf die ganze Welt durchführte.[32] Schnell wurde klar: Die Überwachung umfasste praktisch alle Länder, war unabhängig von irgendeinem Verdacht und die Erkenntnisse wurden

„auf Vorrat“ gespeichert. Die Vertretungen der Europäischen Union, der Vereinten Nationen, führende Politiker, Spitzenbeamte, Führungskräfte aus der Wirtschaft – die NSA scheute beim „Globalen Lauschangriff“ vor nichts und niemandem zurück. Später sollte sich Bundeskanzlerin Angela Merkel mit den Worten: „Ausspähen unter Freunden, das geht gar nicht“ dagegen wehren. Aber schon am 7. Juli 2015 gab Edward Snowden in einem Interview glasklar zu Protokoll, dass die NSA „unter einer Decke mit den Deutschen“ steckt.[33]

Vom Fall Traube bis zur NSA-Affäre: Das Interesse des deutschen Staates, seine Bürger abzuhören, ist kaum zu leugnen.

Richterliche Überprüfung auf wackeligen Füßen

Dabei scheint ein Grundpfeiler des staatlichen Abhörens – zumindest in Deutschland – nämlich die vorherige richterliche Genehmigung nach sorgfältiger Prüfung der Sachlage in jedem Einzelfall, auf tendenziell wackeligen Füßen zu stehen. In der Praxis hält sich die richterliche Kontrolle oft in Grenzen, wie Rechtsanwälte verrieten, die sich auf IT-Recht spezialisierten. Dazu ein einfaches Beispiel: Gewiefte Ermittler stellen den Antrag auf Überwachung beim Amtsgericht am Freitagnachmittag. Dann ist in der Regel kein mit der Materie vertrauter Richter mehr verfügbar, sondern nur noch der richterliche Notdienst, der meist mit jüngeren Kollegen besetzt ist. Der Jungrichter hat bei einer solchen Anfrage zwei Möglichkeiten: Entweder zeichnet er die Abhörgenehmigung ab oder am Montagmorgen fragt der Oberstaatsanwalt beim Amtsgerichtspräsidenten an, warum die Anfrage abgelehnt wurde. Daher ist anzuregen, dass jeder Richter, der eine Abhörmaßnahme genehmigt, diese nachhalten muss und einmal jährlich eine Statistik vorzulegen hat, aus der hervorgeht, ob aufgrund der Maßnahme ein Verfahren eingeleitet wurde und ob es zu einer Verurteilung kam. Dann würden die Abhörgenehmigungen sorgfältiger geprüft und für die Öffentlichkeit wäre das Verhältnis zwischen den Eingriffen in die Grundrechte der Bürger einerseits und dem Ertrag andererseits transparenter. Erfahrungen zeigen, dass es derzeit in über 80 Prozent aller Fälle, in denen Abhörmaßnahmen auf richterliche Anordnung genehmigt werden, nicht einmal zu einer Anklage kommt.

Digitale Speicher für die Weltbevölkerung

Die Speicher, um alles über uns zu aufzubewahren, sind längst gebaut und werden fortlaufend vergrößert. Die National Security Agency betreibt am Stützpunkt Camp Williams südlich der Stadt Bluffdale im Bundesstaat Utah ein Datenzentrum unvorstellbaren Ausmaßes.[34] Das Fusion Center ist so groß, dass es die persönlichen Daten der gesamten Weltbevölkerung speichern kann. Der Zweck dieser Anlage wird übrigens geheim gehalten. An dieser Stelle sei erwähnt, dass weltweit mehrere dieser Fusion Center stehen, die sämtliche Daten sammeln, um beispielsweise frühzeitig mögliche Terrorgefahren erkennen können. Über den Zweck der meisten dieser Anlagen finden sich im Internet Informationen, doch die gewaltigste Anlage – jene in Utah – hüllt sich diesbezüglich in Schweigen.[35] Ihr Speicherplatz variiert je nach Quelle zwischen 3 bis 12 Exabyte (1 EB entspricht 10 hoch 18 Byte, das war 1998 die Größenordnung „menschlichen Wissens“, heute sind es geschätzt mehrere Hundert Exabyte) und einem Yottabyte (1 YB entspricht 10 hoch 24 Byte oder 100 Milliarden Festplatten mit 10 Terabyte). Je nachdem, welche Zahl zutreffend ist, stehen im Fusion Center umgerechnet auf die Weltbevölkerung zwischen 1,4 Megabyte und 140 Gigabyte Speicherplatz für jede Person auf der Erde zur Verfügung. Wenn man Moore‘s Law, benannt nach dem Intel-Mitgründer Gordon Moore, anwendet, nachdem sich die Komplexität integrierter Schaltkreise alle zwölf bis 24 Monate verdoppelt, ist eines klar: Die Kapazitäten zur Speicherung aller Informationen über die Weltbevölkerung steigen weiterhin unaufhaltsam.

Charta der digitalen Grundrechte

An dieser Stelle stellt sich die große Frage, wem diese Daten tatsächlich gehören. Dem einzelnen Menschen, von dem diese Daten letztlich auch stammen, dem Staat, dessen Bewohner er ist oder dem Unternehmen, dessen Dienste er in Anspruch nimmt, wodurch häufig überhaupt erst Daten entstehen (beispielsweise durch das Kaufverhalten). Diese Frage lässt sich nicht so einfach beantworten, daher fordert das Europäische Parlament, eine „Bill of Digital Rights“, eine Charta der digitalen Grundrechte. Eine solche Grundrechte-Charta verlangten übrigens bereits im Dezember 2013 in einem gemeinsamen Appell an die Vereinten Nationen 500 Schriftsteller aus aller Welt. Sie protestierten damit gegen Massenüberwachung durch Regierungen und Unternehmen. Die Schriftsteller schrieben, eine tragende Säule der Demokratie sei die Unverletzlichkeit des Individuums, dessen Würde über seine Körpergrenze hinausgehe – und speziell in die digitale Welt hineinreiche.[36]

Völlig anders verhält sich die Sachlage in den USA – und damit letztendlich für die ganze Welt. Das geheim tagende FISC-Gericht der Vereinigten Staaten befand die Sammlung und Weitergabe per Lauschangriff erspähter persönlicher Daten am 29. August 2013 als konform mit der US-Verfassung, selbst dann, wenn kein richterlicher Beschluss dazu vorliegt. FISC steht für United States Foreign Intelligence Surveillance Court, also das Gericht der Vereinigten Staaten betreffend die Überwachung der Auslandsgeheimdienste. Das FISC entstand in Folge der Empfehlungen des Church Committees – benannt nach dem US-Senator Frank Church –, das die teilweise illegalen Aktivitäten von FBI, CIA und NSA untersuchte. Man könnte ohne Weiteres behaupten: Mit dem FISC wurden die gesetzeswidrigen Methoden der US-Geheimdienste legalisiert.[37]

Der Versuch einer Kehrtwende durch ein zweites Church Committee, das im Jahre 2014 unter dem Eindruck der Snowden-Enthüllungen startete, scheiterte. Das Begehren des Staates, nicht nur alles über die eigenen Bürger, sondern über die gesamte Weltbevölkerung zu wissen, ist offenbar nicht aufzuhalten.

Geheimdienste außer Kontrolle

Der durch die Weitergabe der Pentagon Papers bekannt gewordene Whistleblower Daniels Ellsberg bezeichnete die Aussage des damaligen US-Präsidenten Barack Obama, das FISC-Gericht beaufsichtige die Datensammelwut der Geheimdienste, als „Nonsense". Sowohl das FISC als auch die Geheimdienstausschüsse des US-Kongresses seien derart in die Geheimdienste eingebunden, dass faktisch keine Kontrolle stattfände. Anders ausgedrückt: Die Geheimdienste können praktisch ohne Kontrolle tun und lassen, was sie wollen. Und ganz offenbar wollen und werden sie alle heutigen und künftigen Technologien nutzen, um ihren globalen Lauschangriff zu perfektionieren.[38]

Land unter Kontrolle

Wie sich die Situation in Deutschland darstellt, veranschaulicht der Dokumentarfilm „Land unter Kontrolle. Die Geschichte der Überwachung der BRD" von 3-Sat, der am 27. Januar 2014 erstmals im ZDF ausgestrahlt wurde: „Die Bundesrepublik ist ein überwachtes Land, das beweist der NSA-Skandal."[39] Zwischenzeitlich ist der entlarvende Beitrag allerdings in der ZDF-Mediathek nicht mehr abrufbar. Ein Schelm, wer Böses dabei denkt.

Es kann keine Zweifel daran geben, dass die Staaten alles daran setzen, die Zivilgesellschaft zu überwachen, und dass ihnen dazu alle Mittel recht sind. Sobald sich dabei eingesetzte Mittel und Verfahren als rechtswidrig erweisen, wird einfach die Gesetzgebung geändert, um die Legalität der Bespitzelung herzustellen. Natürlich greifen die Staaten dabei auf alle Informationen zu, derer sie habhaft werden. Dazu gehören selbstverständlich auch die sozialen Netze und alle anderen Online-Plattformen, auf denen Bürger freiwillig Informationen von sich preisgeben. Schon 2010 begann die NSA nach Recherchen der *New York Times* mit der systematischen Überwachung sozialer Netzwerke. Jeder, der also seinen Alltag hauptsächlich damit verbringt, diesen regelmäßig auf Facebook zu verbreiten, auf Instagram private Fotos zu veröffentlichen, sich auf Twitter zu politischen Themen zu äußern und bei Amazon Buchrezensionen zu schreiben, der darf sich nicht wundern, wenn ihn die NSA längst im Visier hat.[40]

Spuren im Netz

Alle Spuren, die wir im Netz hinterlassen – von der Google-Suche bis zu unseren Einkäufen bei Amazon – werden nicht nur von den jeweiligen Firmen ausgenutzt, um damit Geld zu verdienen, sondern stehen sicherlich auch den Geheimdiensten nicht nur in den USA zur Verfügung, damit diese uns wiederum besser zu verstehen und unser Verhalten analysieren zu können. Die USA verabschiedeten eigens hierzu den Patriot Act, ein Gesetz, das im Kern besagt, dass alle Daten, die einem US-Unternehmen gehören, auch den staatlichen Behörden zugänglich sind.[41] Spätestens seit Edward Snowden wissen wir, dass

Informationen in US-Hand systematisch an deutsche Behörden weitergegeben werden, sofern diese aufgrund der strikteren hiesigen Gesetzgebung diese nicht direkt erheben dürfen.

Aber erst die Künstliche Intelligenz ermöglicht es, die Zusammenhänge zwischen den über alle Wege gesammelten Daten vollumfänglich herzustellen. Dadurch werden die Grundlagen geschaffen für ein Social Scoring, also der maschinellen Bewertung von Menschen aufgrund ihres Verhaltens durch permanente Beobachtung und Analyse. Es würde den Rahmen dieses Buches sprengen, die Themen Künstliche Intelligenz und Social Scoring ausführlich zu besprechen. Klar ist jedoch, dass beide Entwicklungen eine Schlüsselrolle dabei spielen, die allen Datenschutzbemühungen zum Trotz gesammelten Daten auszuwerten und letztlich Konsequenzen daraus abzuleiten.

Es ist diese Horrorvision einer Welt, in der wir als Bürger und Verbraucher nicht nur völlig transparent sind, sondern in der Staaten und Unternehmen uns durch KI-Analysen besser kennen als unsere Lebenspartner, ja sogar besser, als wir uns selbst, die uns Mahnung und Aufforderung sein sollte, den Datenschutz ernst zu nehmen, ihn als Chance zur Wahrung unserer Privatsphäre zu begreifen, und ihn nicht nur zu verteufeln. Wir brauchen vermutlich nicht *mehr* Datenschutzregeln – die DSGVO hat uns schon ein Übermaß davon eingebracht – aber sicherlich *bessere* Regeln und Verfahren, die uns *wirklich* schützen.

Daten als Rohstoff der digitalen Welt

Es ist natürlich nicht nur der Staat, der möglichst viele Informationen über uns in Erfahrung bringen will. Mindestens ebenso eifrige Datensammler sind die Digitalkonzerne, allen voran Google, Facebook und Konsorten.

Nichts geht verloren

Wir können davon ausgehen, dass sämtliche Informationen, die wir jemals über uns preisgeben (und preisgegeben haben) – ganz gleich, ob diese Preisgabe bewusst oder aus Versehen stattfand – nie mehr verloren gehen. Fingerabdrücke, Surfverhalten, Bilder. Alles, wirklich alles, wird gespeichert. Und es wird immer mehr.

Daten gelten als der Rohstoff, der die digitale Revolution antreibt. In die 2020er Jahre ist die Welt mit einem Datenvolumen von rund 44 Billionen Gigabyte eingetreten.[42] Angetrieben wird die weitere Expansion durch die kontinuierlich steigende Nutzung von Internet, Smartphones sowie sozialen Netzwerken und vor allem durch das Internet der Dinge (auch als „Internet of Things“ bekannt). Die Daten kommen von Milliarden Geräten, die über das Internet kommunizieren und die permanent etwas zu übermitteln haben.[43] Je nach Quelle wird von 25 bis 75 Milliarden Geräten ausgegangen (Stand 2021). „Big Data“

nennt die Fachwelt das Sammeln und Auswerten dieser immensen Datenmengen.

Ein Mensch wäre im Laufe seines Lebens nicht in der Lage, alle diese gesammelten Informationen zu lesen, geschweige denn auszuwerten. Das ist indes nicht nur unmöglich, sondern auch unnötig. Das Lesen der Informationen übernehmen nämlich zunehmend die Computer selbst. Alle unsere Daten werden nicht nur automatisch erfasst, sondern auch automatisch gelesen, analysiert und zu Persönlichkeitsprofilen zusammengeführt. Die Computer kennen uns zusehends besser als unsere Lebenspartner, ja sogar besser als wir selbst. Die lückenlose Auswertung fördert häufig Persönlichkeitsmerkmale zutage, deren man sich selbst nicht oder höchstens vage bewusst ist.

Zweckentfremdung vorprogrammiert

Es gibt vier Gründe, warum persönliche Daten, die eine Firma oder ein Staat einmal gesammelt hat, zweckentfremdet zur Verwendung kommen: Marketing, Bequemlichkeit, Sicherheit und Verbrechensbekämpfung.

So wuchs die Firma Google seit ihrer Gründung am 4. September 1998 im kalifornischen Menlo Park mit einem einfachen Konzept zum Milliardenkonzern: Sie sammelt alle Daten über ihre Nutzer, derer sie habhaft wird, und verkauft diese Daten oder Analysen auf Grundlage dieser Daten an Firmen, die damit Werbung betreiben. Experten sprechen von Target Marketing, also zielgerichtetem Verkauf.

Je genauer eine werbetreibende Firma ihre potenziellen Kunden kennt, desto gezielter kann sie ihre Anzeige platzieren und desto höher sind die Verkaufschancen. Befreit von ernsthaften Datenschutzzwängen sammelt Google beinahe seit Beginn des Internetzeitalters fast alles. Viele Mensch wissen jedoch nicht, dass jedes Wort, das irgendwer irgendwo auf der Welt in die Datensuchmaschine Google eingibt, gespeichert, analysiert und für Werbezwecke verwendet wird. Überlegen Sie sich einmal, was Sie über die Jahre hinweg im Internet gesucht haben und machen Sie sich klar, welche Informationen Sie damit über sich preisgeben: Hobbys, Reisen, Gesundheit, Kleidung, Lebensumstände, Geschäft, Amüsement und natürlich auch wirklich Privates. Möglicherweise klingt es übertrieben, doch es handelt sich dabei um die Realität: Google weiß mehr über die meisten Personen als der eigene Ehe- oder Lebenspartner. Wer sich vor Prostata- oder Brustkrebs fürchtet oder über eine Scheidung nachdenkt, informiert Google vermutlich unabsichtlich eher über seinen Gemütszustand, als den eigenen Partner, um nur wenige Beispiele zu nennen.

„Wir wissen mehr oder weniger, woran Sie denken“, schwärmte Eric Schmidt schon 2015. Der Mann sollte es wissen, denn er war damals Aufsichtsratsvorsitzender des am 2. Oktober 2015 gegründeten Google-Mutterunternehmens Alphabet.[44]

Die scheinbare Anonymität des Internets verführt uns also dazu nach Dingen zu suchen, nach denen wir unseren Arbeitskollegen, unseren Nachbarn oder unseren Lebenspartner nicht wagen würden zu fragen. Diese Anonymität kommt jedoch einem Trugschluss gleich: Sobald die Google-Seite aufgerufen wird, speichert Google eine kleine Identitätsdatei auf dem Gerät des jeweiligen Nutzers ab, Experten sprechen von „Cookies". Anhand dieser Cookies kann Google haargenau verfolgen, wann jemand welche Webseiten aufgerufen hat.

Bedenklich sind dabei nicht nur jene Informationen, die man freiwillig preisgibt, sondern vor allem auch diejenigen, von denen man nicht einmal ahnt, dass man sie verrät. Beispiel Google Fotos: Wer seine Bilder bei Google speichert, vertraut dem Datenkonzern keineswegs nur seine Schnappschüsse aus dem letzten Urlaub oder sein fotografisches Arbeitsleben an. Jedes Bild besitzt zusätzlich noch so genannte Metadaten. Diese sagen aus, wann ein Foto aufgenommen wurde, mit welcher Kamera und vor allem auch, wo es fotografiert wurde. Die Auswertung dieser Metadaten ist häufig entlarvend: Wurde das Foto auf einem Camping-Platz oder in einer Fünf-Sterne-Urlaubsanlage geschossen? Handelt es sich bei der Kamera um ein neues hochpreisiges Gerät oder ein altes Billigmodell? Welche Reiseziele stehen an? Google kann anhand der Fotoreihen, verknüpft mit weiteren Informationen, die die Firma über uns alle sammelt – zum Beispiel unseren Wohnort – ziemlich genau einschätzen, wie viel Geld wir verdienen und welcher sozialen Schicht wir angehören.[45]

Facebook schlimmer als Google

Google mag die Datenkrake mit den meisten und längsten Fangarmen sein, um seine Nutzer auszuspionieren, aber bei Weitem nicht die einzige. Facebook steht dem in nichts nach. Übrigens: Mit rund zwei Milliarden „Bürgern" wäre Facebook in der realen Welt die größte Volkswirtschaft auf der Erde. Und diese „Weltmacht" entstand binnen zehn Jahren, nur um an dieser Stelle die Dimension aufzuzeigen, wie gigantisch der Konzern Facebook tatsächlich ist.

Wenn rund zwei Milliarden aktive Facebook-Nutzer – 1,5 Milliarden davon sind täglich (!) in diesem sozialen Netzwerk aktiv – ihr Privatleben freiwillig mehr oder minder vollständig in Facebook eingeben, mag man noch denken, sie seien alle „selbst schuld". Was viele jedoch nicht einmal ahnen: Facebook weiß viel mehr über einen, als man je freiwillig verraten würde. Ein Beispiel: Sobald die Facebook-Seite geöffnet wird und man sich eingeloggt, erfährt Facebook automatisch und ohne, dass man es verhindern kann, welche weiteren Seiten man besucht. Wer also seine Facebook-Seite dauerhaft im Browser geöffnet hält, gibt sein gesamtes Surfverhalten weiter. So verrät man damit in der heutigen Online-Welt unbeabsichtigt wesentliche Aspekte seines privaten und beruflichen Lebens an Facebook. Erst Anfang 2021 machte Apple dem seitenübergreifenden Treiben von Facebook ein Ende – zumindest bei allen Geräten und Browsern des Apfel-Konzerns. Apple unterbindet schlichtweg das Tracking durch Facebook.[46]

Spionage als Geschäftsmodell

Man muss sich klar machen: Die beiden zu Milliardenkonzernen gewachsenen Platzhirsche im Digitalmarkt – Facebook und Google – verkaufen keine greifbaren Produkte und erbringen auch keine Dienstleistungen im klassischen Sinne. Vielmehr organisieren sie die Daten, die ihnen andere mehr oder minder freiwillig selbst zur Verfügung stellen. Das Google-Prinzip bestand praktisch von Anfang an darin, das World Wide Web durch Computerprogramme nach neuen Webseiten zu durchforsten und mit Schlagworten zu kennzeichnen. Die Betreiber dieser Webseiten wurden und werden nie gefragt, ob sie damit einverstanden sind, und sie erhalten keinerlei Bezahlung dafür. Diese Schlagworte nutzt Google, um bei Anfragen nach diesen Begriffen auf die entsprechenden Webseiten zu verweisen. Die Bedeutung der Seiten für ein Thema leitet sich – vereinfacht ausgedrückt – durch die Tätigkeit der Nutzer selbst ab. Das bedeutet, je mehr Verweise auf einer Seite existieren und je häufiger eine Seite zum jeweiligen Thema aufgerufen wird, umso relevanter erfolgt die Einstufung. Den genauen Algorithmus des sogenannten Page Rankings, benannt nach dem Google-Mitgründer Larry Page, behandelt das Unternehmen als Betriebsgeheimnis.[47] Die Webseiten-Betreiber zahlen nicht für die Aufnahme in die Datensammlung, die Nutzer nicht für die Suche – wie also verdient Google eigentlich Geld? Die Antwort ist frappierend einfach und geradezu trivial: über Kleinanzeigen. Neben dem Page Ranking erscheinen, passend zum jeweiligen Suchbegriff, kleine Textanzeigen. Wer beispielsweise nach

„Hausfinanzierung" sucht, erhält von diversen Finanzinstituten Kleinanzeigen eingeblendet, die nichts mit der Bedeutung – der Relevanz – nach dem Page Ranking zu tun haben, sondern von den Anbietern schlichtweg bezahlt werden.

2020 beliefen sich die Online-Werbeumsätze allein von Google auf rund 146,9 Milliarden Dollar. Ein Jahr zuvor waren es noch 113,3 Milliarden Dollar gewesen.[48] Das ist deutlich mehr als der gesamte deutsche Werbemarkt, der 2020 bei 42,3 Milliarden Euro lag gegenüber 48,3 Milliarden Euro im Jahr zuvor.[49] Mit anderen Worten: Im Corona-Jahr 2020 hatte der deutsche Werbemarkt herbe Verluste hinnehmen müssen, während sich Google über eine gigantische Ausweitung seines Werbeumsatzes freuen durfte.

Wir werden verfolgt

Unsere Smartphones verfolgen uns auf Schritt und Tritt. Damit ist etwa nicht nur gemeint, dass wir die Geräte ständig bei uns tragen, sondern diese speichern und übermitteln permanent, wo sie sich – und damit auch, wo wir uns – befinden. Wenn wir die Mobilfunkfunktion eines Smartphones oder Tablets eingeschaltet haben, um zu telefonieren oder Daten zu empfangen und zu senden, verbindet sich unser Gerät mit dem nächstgelegenen Mobilfunkmast, um die Verbindung herzustellen. Je nach Modell erkennen wir anhand von Balken oder Punkten, wie gut oder weniger gut der Empfang ist. Der jeweilige Mobilfunkdienstleister, also beispielsweise die Telekom oder Vodafone, weiß daher natürlich, wann wir mit welchen Funkmasten verbunden sind. Diese Informationen muss er auf richterliche Anordnung herausgeben, etwa wenn der Verdacht eines Verbrechens besteht. Soweit so gut.

Wer daraus allerdings den Schluss zieht, dass er nicht geortet werden kann, wenn er die Mobilfunkfunktion an seinem Smartphone oder Tablet ausschaltet, obliegt einem gewaltigen Irrtum – und das gleich in mehrfacher Hinsicht. Nicht nur der Mobilfunkanbieter speichert alle Daten über Funkmasten, sondern auch der Gerätehersteller, also beispielsweise Apple. Ein iPhone sammelt automatisch und ständig alle Daten über die Mobilfunktürme und auch die WLAN-Hotspots in seiner Umgebung. Wohlgemerkt: Alle Daten, also nicht nur diejenigen, mit denen sich das Gerät verbindet.[50] Darüber hinaus verfügt jedes moderne Smartphone über einen GPS-Empfänger. Beim Global Positioning System (GPS) handelt es sich um – ebenso wie das Internet – ein vom US-Verteidigungsministerium entwickeltes Satellitennetz rund um die Erdkugel, mit dem sich jedes mit einem GPS-Empfänger ausgestattete Gerät auf der Welt genau orten lässt. Die kommerzielle Standardortung, wie sie in Smartphones zum Einsatz kommt, arbeitet mit einer Genauigkeit von rund zehn Metern. Die Militärs kommen auf mindestens fünf Meter Präzision.[51]

In modernen Smartphones wird das sogenannte A-GPS-Verfahren eingesetzt. Hierbei werden – zusätzlich zur Auswertung der GPS-Satellitensignale – alle Funksignale von WLANs,

Mobilfunkmasten und soweit möglich sogar Bluetooth-Stationen ausgewertet, um schnell und präzise festzustellen, wo sich das Gerät jeweils befindet.[52] Diese Funktionalität besitzt deutliche Vorteile für den Smartphone-Nutzer, etwa bei der Verwendung von Karten- und Navigationssoftware. Gleichzeitig und so „ganz nebenbei" hat, um beim iPhone zu bleiben, Apple den Vorteil, jederzeit zu wissen, wo sich das Gerät befindet. Noch besser – oder schlimmer – je nach Standpunkt: Alle iPhone-Nutzer helfen dem Digitalgiganten beim Aufbau einer weltumspannenden Datenbank mit allen WLAN-Hotspots, die es irgendwo auf der Erde gibt. Die Geräte erfassen ausnahmslose alle Hotspots, also keineswegs nur diejenigen, mit denen sich das Smartphone tatsächlich verbindet.

Dass Googles Smartphone-Betriebssystem Android ein ebenso fleißiger Sammler ist, bedarf wohl keiner besonderen Erwähnung.

Zurück zu Apple: „Die Ortungsdaten werden durchweg anonymisiert, eine Verknüpfung mit der sogenannten Apple-ID und damit dem Namen des Nutzers erfolgte nicht", versicherte der Konzern schon im Sommer 2018 bei einer Anhörung im US-Abgeordnetenhaus. „Der Kunde ist nicht unser Produkt" betonte Apple gegenüber dem Ausschuss für Energie und Wirtschaft, und erklärte, die eigenen Produkte seien so ausgelegt, dass möglichst wenige Daten erfasst werden. Allerdings würden nicht alle IT-Konzerne gleich operieren, behauptete das Unternehmen und hier war der Seitenhieb auf Facebook und Google unüberhörbar. In der Tat bleibt die Frage nach dem Umgang mit den Positionierungsdaten durch Facebook und Google unbeantwortet. Beide Konzerne haben sich der Datenmaximierung verschrieben, also der Sammlung möglichst vieler Daten über möglichst viele Menschen.

Wann sich jemand wo aufhält, gehört damit sicherlich zu den besonders interessanten Informationen. Schließlich macht es einen Unterschied, ob jemand, sagen wir, auf einem Zeltplatz oder in einem Fünf-Sterne-Hotel Urlaub macht. Anhand der Geschwindigkeit, mit der sich der Standort ändert, lässt sich im Übrigen in praktisch allen Fällen auf die Verkehrsmittel schließen, also im Flugzeug, in der Bahn, im Auto, auf dem Fahrrad oder zu Fuß. Hinzu kommen insbesondere im Auto zusätzliche Odometriedaten zur Geschwindigkeit und Beschleunigung sowie Richtungsdaten, um die Position zu präzisieren. Die Aufenthalts- und Reiseprofile eines Menschen sagen sehr viel über ihn aus – oftmals viel mehr, als wir uns klarmachen. Doch es geht nicht nur darum, ständig unseren Standort zu verfolgen, sondern auch unsere biometrischen Merkmale zu erfassen, vom Fingerabdruck bis zur Gesichtserkennung.

Vom Verbrecher zum Normalbürger

Im Jahre 1858 wurde die Daktyloskopie geboren, die Lehre von den Fingerabdrücken. Es handelt sich dabei um das älteste biometrische Verfahren zur eindeutigen Identifizierung von Menschen.[53] Der britische Kolonialbeamte Sir William James

Herschel registrierte in Bengalen (Indien) Zahlungsempfänger anhand ihrer Fingerabdrücke, um Betrug durch Mehrfachauszahlungen zu verhindern. Ihm gebührt also der Verdienst, die erste Fingerabdrucksammlung der Welt angelegt zu haben. Der Mediziner Henry Faulds brachte nach eingehenden Untersuchungen der menschlichen Hautleisten 1880 den Vorschlag, Fingerabdrücke an Tatorten zur Überführung von Verbrechern zu nutzen und dafür alle zehn Finger für die Daktyloskopie zu erfassen.[54] Es war der Engländer Francis Galton, der das im Wesentlichen heute noch verwendete Klassifizierungssystem der Daktyloskopie entwickelte, das immer noch bei der Polizei weltweit im Einsatz ist.[55]

Unsere Fingerabdrücke sind gefragt

Seitdem war klar: Wessen Fingerabdrücke genommen wurden, der gehörte zumindest zum Kreis der Verdächtigen im Zusammenhang mit einem Verbrechen. Doch darüber sind wir längst hinaus. Heute erfolgt die biometrische Vermessung des Menschen weit über Fingerabdrücke hinaus und losgelöst davon, ob wir Schwerverbrecher oder unbescholtene Bürger sind.

Seit 2010 müssen Einreisende in die Vereinigten Staaten die Erfassung der Abdrücke aller zehn Finger über sich ergehen lassen.[56] Das sei „keine große Sache", sagte damals Robert A. Mocny, der Leiter des Programms US-Visit im Heimatschutzministerium. Die große Welle der Erfassung biometrischer Daten begann und wird seitdem größer und größer.

Unter biometrische Daten fallen alle äußerlichen Merkmale eines Menschen, die sich nicht oder nur sehr schwer ändern lassen. Dazu gehören nicht nur Fingerabdrücke, sondern beispielsweise auch die Schlüsselmerkmale des Gesichtes wie der Augenabstand und die Iris, also das Innere des Auges.

Waren es früher nur Staaten, allen voran die USA, die Fingerabdrücke im großen Stil sammelten, erfuhr diese Situation im Jahre 2013 schlagartig eine fundamentale Änderung. Apple stellte das iPhone 5s vor, in das ein Fingerabdrucksensor fest verbaut war.[57] Wer nicht ständig den PIN-Code zum Entsperren des Gerätes eintippen wollte, erfasste einen oder mehrere seiner Fingerabdrücke und konnte fortab einfach durch Auflegen eines Fingers das Gerät nutzen. Als der US-Konzern Apple mit dem Sammeln von Fingerabdrücken begann, gab es einen kurzen Aufschrei von Datenschutzaktivisten, der jedoch rasch verpuffte.[58] Seitdem werden die Fingerabdrücke von Millionen von Menschen nicht nur von Staaten, sondern auch von Unternehmen erfasst. Auf Apple folgten rasch Samsung und sämtliche anderen namhaften Smartphone-Hersteller. Seitdem gilt es als völlig normal, dass unbescholtene Bürger tagtäglich ihre Fingerabdrücke abgeben.

Sieg der Bequemlichkeit

Es siegte die Bequemlichkeit: Schließlich ist es viel einfacher, seinen Finger kurz auf das Gerät zu legen, statt bei jeder Nutzung den PIN-Code eintippen zu müssen. Die Bequemlichkeit stellt beinahe immer einen Erfolgsgaranten dar, wenn es darum geht, an die Daten der Bürger zu kommen – gleichgültig, ob es sich dabei um Regierungen oder um Unternehmen handelt.

Apple behauptet, dass nicht der Fingerabdruck gespeichert würde, sondern lediglich ein Code (eine Prüfsumme), der aus dem Abdruck generiert wird. Dieser Code soll nicht an Apple übermittelt, sondern nur im jeweiligen Gerät in einem SoC-Baustein (System on a Chip) gespeichert werden. Ob das stimmt oder nicht, ist selbst von Fachleuten nur schwer zu überprüfen. Selbst wenn diese Aussage korrekt sein sollte und Apple tatsächlich besonders hohen Wert darauflegt, die Daten seiner Kunden zu schützen, ist das Schutzniveau bei konkurrierenden Herstellern möglicherweise und vermutlich geringer. Unabhängig davon hat die Erfahrung gezeigt, dass einmal erfasste Daten in der Regel weitergereicht und weiterverwendet werden.

Missbrauch biometrischer Daten

Die Fingerabdruckspeicherung verdeutlicht zudem die Problematik von Fehlfunktionen und Missbrauch bei biometrischen Daten. Am 21. September 2013 meldete der Chaos Computer Club (CCC), die Touch-ID-Sicherheitssperre auch ohne einen echten Finger überwunden zu haben.[59] Dabei wurde ein auf der Displayoberfläche befindlicher Fingerabdruck gescannt. Anschließend wurde der digital nachbearbeitete Scan auf einem Laserdrucker auf eine Transparenzfolie gedruckt, welche als

Maske für die Belichtung einer Leiterplatte diente. Anschließend wurde die mit ultraviolettem Licht belichtete Platine geätzt und mit Grafit besprüht, um die Struktur und Leitfähigkeit des späteren Trägermaterials zu erhöhen. Abschließend wurde eine Fingerattrappe damit versehen und in einem Testversuch nach wenigen (korrekten) Zurückweisungen fälschlicherweise akzeptiert. Natürlich ist diese Vorgehensweise viel zu aufwendig, um „nebenbei" einen Fingerabdrucksensor zu überlisten. Dennoch zeigt der Vorfall, dass die biometrische Datenerfassung keineswegs die hundertprozentige Sicherheit verspricht, wie sie häufig von Unternehmen beworben wird. Es ist offenbar möglich, durch die Fälschung eines Fingerabdrucks die digitale Sicherheitshürde zu überwinden. Das ist kein beruhigendes Gefühl – ganz im Gegenteil.

Automatische Gesichtserkennung

Die digitale Vermessung der Menschheit im großen Stil hat mit dem Fingerabdruckscanner begonnen, doch schon sind die nächsten Technologien längst im Einsatz. Dazu gehört die automatische Gesichtserkennung.

Am 12. September 2017 stellte Apple mit dem iPhone X das erste massentaugliche Smartphone vor, das seinen Benutzer erkennt. In der Frontseite des Gerätes ist eine sogenannte True-Depth-Kamera eingebaut.[60] Sie bewertet das erfasste Gesicht anhand von 30.000 Bildpunkten und entscheidet, ob es sich dabei um den Gerätebesitzer handelt oder nicht. Face-ID nennt Apple diese Funktion. Der von Apple gewählte Begriff Face-ID ist wohl nur als gezielte Verschleierung zu werten. Es geht nämlich keineswegs nur um die Erkennung eines Gesichts, sondern es steckt viel mehr dahinter.

Was kaum einer weiß: Der Wechsel vom Fingerabdruck zur Gesichtserkennung stellt nicht nur eine neue Methode dar, um eine bestimmte Person zu identifizieren. Vielmehr ermöglicht die auf das Gesicht ausgerichtete Kamera die Auswertung von Mikroausdrücken. Unter diesem Begriff werden Emotionen („Gefühle") verstanden, die sich für die Dauer von Sekundenbruchteilen auf unserem Gesicht zeigen. Man betrachtet also das Display, um einen Text zu lesen oder ein Bild zu studieren, und die Kamera erkennt, ob man sich darüber freut, ärgert, ob man begeistert oder verängstigt ist. Wer das einmal spielerisch ausprobieren möchte, kann eine App wie „Rainbow" herunterladen. Beim ersten Mal ist es verblüffend zu erleben, wie sich die Spielfigur verändert, je nachdem, ob man die Augenbrauen erstaunt nach oben zieht oder verärgert zusammenzieht.[61]

Mag man „Rainbow" noch als belustigend empfinden, ist die App „AR MeasureKit" mit ihrer Funktion „Face Mesh" eher beängstigend.[62] „Face Mesh" demonstriert für jedermann, wie das iPhone das gesamte Gesicht automatisch scannt, daraus eine digitale Gesichtsmaske erstellt und daraufhin 50 verschiedene Gesichtsausdrücke erkennen kann. Mit dem linken Auge blinzeln, die rechte Augenbraue anheben, die Nase nach rechts oder links rümpfen, den Mund verziehen, die Lippen zusammenpressen, Wangenbewegungen und vieles mehr. So werden 50 Muskelbewegungen haarklein beobachtet. Die App zeigt auf die Zehntelsekunde genau an, wie lange welche Muskeln auf welche Art und Weise aktiv sind. Der Weg von der Erkennung zur Interpretation und Nutzung des Gesichtsausdrucks ist nicht mehr weit. Mit dem iPhone X erstmals eingeführt, baut Apple Face-ID auch in künftige Gerätegenerationen ein. So sind sämtliche seit September 2018 von Apple vorgestellten neuen iPhones und auch die meisten neuen iPads mit Face-ID ausgerüstet. Diese Technologie bleibt selbstverständlich nicht auf Apple beschränkt.

Wie wir fühlen, was wir denken, wie wir reagieren

Es bleibt also nur noch eine Frage der Zeit, bis sich um uns herum sämtliche Geräte automatisch erkennen, wie wir uns fühlen, was wir denken, wie wir reagieren. Wenn wir ein Buch in einem digitalen Bookreader wie Amazons Kindle lesen, können wir uns in Zukunft die Bewertung ersparen – Amazon weiß längst Seite für Seite, was wir mögen und was nicht. Recommendation Engine – Empfehlungsmaschine – heißt die Technologie, mit der Amazon uns immer neue Vorschläge für Bücher unterbreiten wird, die uns aufgrund unseres bisherigen Leseverhaltens vermutlich gefallen werden. Amazon nutzt diese Technologie schon seit Jahren, um uns anhand unserer bisherigen Käufe nicht nur von Büchern immer neue Produkte gezielt zum Kauf anzubieten. Aber bislang konnte dabei nur unser Verhalten – welche Produktseiten rufen wir auf, wie lange beschäftigen wir uns mit jeder Seite und welche Waren kaufen wir tatsächlich – berücksichtig werden. Künftig wird unser Gesichtsausdruck mit ausgewertet, und damit verschafft sich Amazon – und viele andere Digitalkonzerne – einen direkten Zugang zu unserer Gefühlswelt. Eine erschreckende Zukunftsvision? Leider nicht, sondern der kommende technologische Schritt.

Bedenken wir: Jedes Smartphone, jedes Tablet, jeder Laptop ist mit einer Frontkamera ausgerüstet. Noch verfügen die wenigsten davon über eine automatische Gesichtserkennung geschweige denn über eine Gefühlserkennung wie Apples Face-ID. Aber so sicher wie das Smartphone das Mobiltelefon abgelöst hat, so sicher werden künftig immer mehr Kameras in der Lage sein zu verfolgen, was wir denken und was wir fühlen.

Um dieses Szenario zu Ende zu denken: Auf immer mehr öffentlichen Plätzen, in Stadien, in Gebäuden, in der U-Bahn und bei vielen anderen Gelegenheiten finden wir immer mehr Videokameras. Heute zeichnen sie auf, wer sich wo aufhält und wie er sich verhält. Wer will verhindern, dass sie künftig unsere Gesichter erkennen, unsere Gesichtsausdrücke interpretieren und damit wissen, was wir denken und fühlen?

1984 wird Realität

Den „Höhepunkt“ bilden aber wohl Kameras und Mikrofone, die wir uns freiwillig in unsere eigenen vier Wände holen. Georg

Orwell ging in seinem Roman „1984“ noch davon aus, dass der Staat Kameras in jeder Wohnung installiert, um die Bevölkerung zu bespitzeln. Er zeichnete das Szenario einer Gedankenpolizei, die durch die Fenster die Bevölkerung beobachtete. Die heutige und vor allem künftige Realität ist viel schlimmer: Wir kaufen uns die Geräte, die uns bespitzeln, sogar freiwillig und stellen oder hängen sie in unseren Wohnungen auf. Am Ende erfreuen uns sogar noch an den Komfortfunktionen, die sie uns bringen, ohne zu ahnen, wie real damit „1984“ wird.

Amazon brachte mit dem Gerät „Echo“ geradezu ein Paradebeispiel dieser Bespitzelungsorgie auf den Markt. Echo sieht aus wie ein kleiner Radiowecker, den wir uns in die Küche, ins Wohnzimmer, ins Kinderzimmer, ins Arbeitszimmer und natürlich ins Schlafzimmer stellen. Echo zeigt die Uhrzeit an, verfügt über einen komfortablen Wecker, kennt die Wettervorhersage, kann unsere Lieblingsmusik abspielen und auf einem kleinen Bildschirm sogar beispielsweise die Tagesschau in 100 Sekunden als Videoclip zeigen. Auf Zuruf gibt das Gerät Auskunft, welche Termine anstehen oder wann unsere Freunde Geburtstag haben. „Alexa, sind meine Nachrichten da? Alexa, wie klingt ein Ferrari? Alexa, stell mir ein Rätsel. Alexa, gib mir ein Kanye-West-Zitat. Alexa, mach einen Anruf. Alexa, was steht auf meiner Einkaufsliste? Alexa, brauche ich heute einen Regenschirm?“

Alexa, Alexa, Alexa. Es scheint heute schon kaum etwas zu existieren, was Alexa nicht weiß, so sieht die Zukunft noch viel rosiger aus. Amazon hat vorgesehen, dass Alexa ständig mit neuen, sogenannten Skills – Fähigkeiten oder Fertigkeiten – erweiterbar ist. Essen und Trinken, Gesundheit und Schönheit, Bildung und Lebensstil, Autofahren und Kommunizieren, Geschäftliches und Privates – es gibt praktisch keinen Bereich, in dem Alexa durch Skills nicht ihren Horizont zu erweitern in der Lage ist.

„Alexa, starte Essensvorschläge. Alexa, frage den Abfallkalender, wann die grüne Tonne kommt. Alexa, sag meinem Kind, dass es jetzt zu Bett gehen soll.“ Das Kabinett der Alexa-Kuriositäten ist groß; Amazon wirbt mit Tausenden von Skills und jeden Tag werden es mehr.

Was dabei häufig nicht bedacht wird: Mit Echo holen wir uns einen – je nach Betrachtungsweise kuriosen oder nützlichen – Helfer in die eigenen vier Wände, der jedoch zugleich als Spion agiert. Amazons Echo-Gerät verfügt über ein Mikrofon und eine Videokamera, die zuhören und alles beobachten können. Küche, Wohnbereich, Schlafzimmer – wo immer wir ein Echo-Gerät aufstellen, holen wir uns den Mikrofon- und Kameraspion in unsere Nähe.

Nur zur Klarstellung: Keines dieser Geräte behält für sich, was es hört und sieht. Alle sind an das Internet angeschlossen und übermitteln Tag und Nacht alles, was sie hören und sehen, an den Hersteller. Echo stellt übrigens nur ein Beispiel dar: Sämtliche andere große US-Digitalkonzerne wie Apple oder

Google sind mit vergleichbaren Angeboten in unsere Privatsphäre eingedrungen, andere werden mit Sicherheit folgen.

Amazon Echo und Co sind dabei jedoch erst die Vorboten einer Vision, die uns allen als „Smart Home“ verkauft wird. Die Haustür öffnet sich automatisch, wenn wir uns nähern, das Licht schaltet sich an, wenn wir einen Raum betreten und wieder aus, wenn wir ihn verlassen, und überall im ganzen Haus steht uns ein virtueller persönlicher Assistent zur Verfügung, der uns auf Zuruf oder indem wir ihm zuwinken, behilflich ist. Komfort, wohin man blickt? In jedem Fall, doch dafür zahlen wir einen hohen Preis, denn schon bald statten wir unsere eigenen vier Wände lückenloser mit Mikrofonen und Videokameras aus, als es jeder Hochsicherheitstrakt ist. Kaum eine Datenschutzgesetzgebung kann uns davon abhalten, denn wir tun es freiwillig, weil wir den damit verbundenen Komfort lieben und schätzen. „Die dümmsten Kälber finden ihren Weg zum Schlachthof selber“, lautet ein altes deutsches Sprichwort. Die überwiegende Mehrheit der Bevölkerung wird den Weg zur totalen eigenen Überwachung in der Tat selbst finden – und dabei sogar noch viel Geld für alle diese schönen neuen Geräte ausgeben.

Um keine Missverständnisse aufkommen zu lassen: Die Annehmlichkeiten des „Smart Home“ sind verführerisch. Dieses Buch soll kein Plädoyer dafür sein, alle Elektronik aus den eigenen vier Wänden zu verbannen und im prädigitalen Zeitalter zu leben. Vielmehr soll ein Bewusstsein geschaffen werden, welche Bedeutung die Begriffe „digital“ und „smart“ tatsächlich besitzen und was sie für den „Datenschutz“ bedeuten. Ein Beispiel: Wer ein Flugzeug besteigt, weiß um die Gefahr, dass es abstürzen könnte.

Wer seine eigenen vier Wände freiwillig und auf eigene Kosten mit Abhör- und Videoüberwachungseinrichtungen ausstattet, sollte ebenfalls die damit verbundenen Implikationen und Risiken kennen.

Dieses Wissen wird die meisten von uns nicht davon abhalten, diese Geräte einzusetzen, weil der vermeintliche Nutzen die potenziellen Gefahren überwiegt. Indes ist die Diskrepanz zwischen dem an anderen Stellen wie eine Monstranz hochgehaltenen Datenschutz einerseits und der Leichtfertigkeit, mit der weite Teile der Bevölkerung sich Mikrofone und Kameras zwecks Eigenüberwachung zu Hause aufstellen, unübersehbar. Das gilt analog ebenso für die automatische Gesichtserkennung.

Gesichtserkennung überall

Während sich Apple seit dem iPhone X und bei allen Nachfolgemodellen 11 und 12 auf das einzelne Gesicht konzentriert, um das Gerät zu entsperren, setzt Facebook schon länger auf die massenhafte automatische Erkennung von Gesichtern.[63]

2018 nutzte Facebook das Inkrafttreten der Datenschutz-Grundverordnung (DSGVO), die uns eigentlich schützen soll, äußerst geschickt dazu, die automatische Gesichtserkennung auch in Deutschland einzuführen. Den Start in Deutschland begründete das Unternehmen damit – man muss sich das auf der Zunge zergehen lassen – die Privatsphäre der Nutzer besser zu schützen. Der Slogan zur Einführung der automatischen Gesichtserkennung – „Facebook lässt Nutzer jetzt selbst entscheiden“[64] – ist an Dummdreistigkeit kaum zu überbieten.

Wer glaubt, dass uns bereits so mancher Politiker mit seiner vieldeutigen und verklausulierten Kommunikationsstrategie für dumm verkaufen will oder zumindest zu verwirren versucht, der sollte erst einmal die Vertragsbedingungen der Digitalkonzerne unter die Lupe nehmen, denen wir bislang allesamt millionenfach zugestimmt haben. Unter vermeintlich langweiligem juristischem Kauderwelsch, verknüpft mit irreführender Marketingsprache, werden wir auf das geistige Niveau von Schafen herabgestuft, die aus Bequemlichkeit einfach alles abnicken oder besser gesagt abklicken.

Die Gesichtserkennung von Facebook ist nur ein Beispiel hierfür: Anhand des vom Nutzer selbst bereitgestellten Profilfotos und allen weiteren Fotos, auf denen er sich selbst markiert hat oder von Freunden markiert wurde, erstellt Facebook eine Art digitale Identifikationsmarke. Anschließend werden alle auf Facebook hochgeladenen Fotos auf Gemeinsamkeiten mit bekannten Bildern hin analysiert und erkannte Personen automatisch markiert. Fantastisch sagen die einen, gespenstisch meinen die anderen.

Welchen Zweck Facebook darüber hinaus mit den Milliarden Fotos verfolgt, verrät der Konzern nicht. Klar ist die aktuelle Rechtslage: Facebook ist ein US-Unternehmen und damit hat die US-Regierung Zugang zu allen Bildern, die von den Nutzern – also von uns – tagtäglich hochgeladen werden.

Völlig unklar ist auch der Umgang mit Fehlerkennungen. Was passiert, wenn man fälschlicherweise als eine ganz andere Person identifiziert wird? Es geht vielleicht noch als Scherz durch, vermeintlich auf einer Party markiert zu werden, die man niemals besucht hatte – obgleich auch das schon unangenehm sein kann. Stellen Sie sich jedoch vor, auf dieser Party passierte eine Straftat. Spätestens, wenn Ermittlungsbehörden Zugang zu derartigen Bildern erhalten, hört der Spaß auf. Dann läuft nämlich ausnahmslos jedermann Gefahr, durch eine fehlerhafte Bilderkennung in den Kreis von Verdächtigen zu geraten, die im Zusammenhang mit einem Verbrechen gesucht werden. Das einzige „Verbrechen“, das man dazu begehen muss: Man sieht einem anderen Menschen ähnlich.

Um seine Gesichtserkennung am Markt auf breiter Front einzuführen, setzt Facebook übrigens – wie in vielen dieser Fälle – schlichtweg auf die Bequemlichkeit seiner Nutzer. Standardmäßig ist die automatische Erkennung eingeschaltet. Wer die Funktion ausschalten will, muss die „Manage Data Settings“ finden, dort zwei Argumente lesen, warum er besser die Finger vom Abstellen lassen sollte, und kann das Feature erst dann deaktivieren. Zum Aktivieren genügt ein Klick, zum Deaktivieren sind drei Klicks notwendig. Getreu dem Motto: „Facebook lässt Nutzer jetzt selbst entscheiden“. Auch hier zeigt sich mal wieder, wie sehr unsere Bequemlichkeit dazu missbraucht wird, um möglichst viele Informationen von uns zu erhalten. Das Schlimmste daran ist: Es funktioniert auch noch. Und alle gesetzlichen Datenschutzbestimmungen werden mehr oder minder dadurch ausgehebelt, dass wir selbst bei den Allgemeinen Geschäftsbedingungen oder an anderer Stelle zustimmen.

Dieses Manko ist augenscheinlich auch dem Gesetzgeber schon länger ein Dorn im Auge. Seit Anfang der 2020er Jahren stehen die Digitalkonzerne sowohl in Europa als auch in den USA unter Beobachtung staatlicher Stellen.

Neuregelung der Digitalwirtschaft

Nach einem ungebremsten Aufstieg der Digitalkonzerne über rund zwei Jahrzehnte hinweg versprach der Eintritt in die 2020er Jahre nichts Gutes für Apple, Amazon, Facebook, Google und Co. Die Regierungen rund um den Globus haben sich 2020 aufgemacht, dem unaufhaltsamen und vor allem unkontrollierten Wachstum der Digitalgiganten einen Riegel vorzuschieben. Die Staatsmacht schlug zurück, in den USA, in Europa und in China. Es schien, als ob die Regierungen rund um den Globus endlich begriffen hätten, dass sie im staatlichen-industriellen Digitalkomplex künftig immer weniger zu sagen haben werden, wenn sie der Digitalwirtschaft ungezügelten Lauf lassen. Es war ein großer Hebel, den die Regierungen in den USA, in Europa und in China im Jahr 2020 umlegten, um die Macht der Digitalgiganten zu beschneiden. Der Kampf um die „digitale Weltherrschaft" zwischen den Staaten und den supranationalen Digitalkonzernen, die sich selbst als Weltmächte begreifen, wird sich die gesamte Dekade bis 2030 hindurchziehen.

USA gegen Facebook und Konsorten

Es glich einem Weckruf für die Digitalwirtschaft, als die US-Bundeshandelskommission 2020 die Zerschlagung von Facebook forderte. „Facebook hat seine Monopolmacht genutzt, um kleinere Rivalen zu vernichten und die Konkurrenz auszulöschen, alles auf Kosten alltäglicher Nutzer", sprach New Yorks Justizministerin Letitia James aus, was sich schon länger als Stimmungslage nicht nur in Bezug auf Facebook, sondern auch bezüglich anderer Digitalriesen wie Apple, Amazon oder Google abzeichnete.[65]

Die US-Regierung und 28 Bundesstaaten hatten Anklage gegen Facebook erhoben mit dem Vorwurf des unfairen Wettbewerbs. Die Federal Trade Commission (FTC) formulierte drastisch: Der Konzern habe ein „illegales Monopol" aufgebaut und eine „Monopolmacht genutzt, um Rivalen zu vernichten". Im Fokus standen vor allem die Übernahmen des Fotodienstes Instagram im Jahr 2012 und des Chatdienstes WhatsApp im Jahr 2014 durch Facebook. Durch diese Zukäufe hatte Facebook eine „systematische Strategie" verfolgt, um Bedrohungen des eigenen Monopols auszuschalten, befand die FTC. Um nochmals die New Yorker Justizministerin Letitia James zu Wort kommen zu lassen: „Facebook hat seine Monopolmacht genutzt, um kleinere Rivalen zu vernichten und die Konkurrenz auszulöschen, alles auf Kosten alltäglicher Nutzer." Die von der FTC vorgeschlagenen Konsequenzen waren weitreichend – bis hin zur Zerschlagung des Konzerns.

Es mag nicht zur Zerschlagung kommen, aber sicherlich zur Eindämmung der Digitalgrößen. So kämpfte beispielsweise auch Apple seit Anfang 2020 um den Erhalt wichtiger Teile seines Geschäftsmodells. Der Aufstieg des Konzerns war nämlich nicht nur dem technologisch bahnbrechenden iPhone zur verdanken, sondern auch dem Konzept des „AppStores", eines Online-Shops für Applikationen, die auf dem Gerät funktionieren. Genau genommen war Apples AppStore die aus Sicht des Konzerns einzige legitime Quellen für Programme, die auf dem iPhone und auf dem später hinzugekommenen iPad laufen. Alternative AppStores, die technisch kein Problem gewesen wären, wurden von Apple rigoros unterbunden. Das Argument: Nur wenn Apple selbst alle Programme vorab prüft, kann sichergestellt werden, dass diese optimal auf den Geräten laufen. Diesen Prüfprozess ließ sich Apple seit dem ersten Erscheinen des AppStores im Jahr 2008 teuer bezahlen: Firmen, die Programme für iPhones oder iPads anbieten wollten, mussten 30 Prozent des damit erzielten Umsatzes an Apple abführen. Das damit geschaffene App-Ökosystem entwickelte sich zu einem Geschäft mit gigantischen Ausmaßen.[66] 33 Millionen Softwareentwickler haben sich für den AppStore registriert, rund zwei Millionen Apps stehen zum Download bereit. Eine halbe Milliarde Menschen pro Woche (!) besucht einen der 175 AppStores weltweit; allein im ersten Halbjahr 2020 kauften sie dabei Programme im Wert von beinahe 33 Milliarden Dollar ein, knapp ein Viertel mehr als im Vergleichszeitraum des Vorjahres.[67] Apple wurde und wird nicht müde zu betonen, dass man 70 Prozent davon an die Softwareentwickler ausschüttet und damit wesentlich zum Gedeihen dieser Programmierfirmen beiträgt. Das mag schon sein, aber 30 Prozent der Einnahmen flossen in die Kasse von Apple und trugen dazu bei, den Konzern zu einem der größten und wertvollsten Unternehmen der Welt mit einem Marktwert von weit über 1,2 Billionen Dollar (Stand 2020) zu machen.[68]

Epic versus Apple

Doch 2020 schickte sich die gegenüber Apple vergleichsweise kleine Spielefirma Epic Games an, dem Billionenspiel des Digitalkonzerns ein Ende zu bereiten.[69] Epic fand einen Weg, den Konzern auszutricksen und über das im App Store bereitgestellte Spieleprogramm Fortnite Einkünfte an Apple vorbeizuschleusen. Doch der Angriff auf das Geschäftsmodell blieb nicht unbemerkt: Prompt entfernte Apple das Spiel aus seinem eigenen Online-Shop. Denn der AppStore verschafft dem Konzern nicht nur milliardenschwere Einnahmen, sondern zudem die völlige Kontrolle über jedwede Software, die auf iPhones oder iPads zum Laufen kommt. Der Kampf Epic Games gegen Apple entwickelte sich zu einem „Schaukampf" für die ganze Branche, überwiegend vor Gerichten ausgetragen. Schon Ende 2020 gab die mit dem ersten Prozess befasste US-Richterin Yvonne Gonzales Rogers zu Protokoll, dass der Ausgang des Verfahrens Auswirkungen auf andere digitale Stores etwa von Nintendo, Sony oder Microsoft haben dürfte. Apple gab sich von Anfang an siegesgewiss im Kampf gegen Epic, ruderte jedoch zugleich kräftig zurück, um den Vorwurf, aufgrund eines Monopols unanständig viel Geld zu verdienen, zu entkräften. Kaum war die Epic-Klage vor Gericht, kündigte Apple an, dass kleinere Softwarefirmen ab 2021 nur noch 15 statt zuvor 30 Prozent der im AppStore erzielten Umsätze abzuführen hätten. Es mag als ein

Symbol dafür gelten, dass die US-amerikanischen Digitalriesen verstanden haben, dass es besser ist, im Streit mit der Regierung lieber an vielen Stellen etwas nachzugeben, als eine fundamentale Regulierung mit zu starken Einschränkungen zu riskieren.

Angriff auf Google

Neben Facebook und Apple blieb auch Google Anfang der 2020er Jahre nicht von dem Regulierungsdrang der US-Regierung verschont.[70] Das US-Justizministerium leitete gemeinsam mit elf Bundesstaaten eine Klage gegen Google wegen Einnahme einer Monopolstellung und Behinderung des Wettbewerbs ein. Zudem warfen zehn US-Bundesstaaten Google vor, mit seinem Anzeigengeschäft gegen das Kartellrecht zu verstoßen. „Dieser Internet-Goliath nutzt seine Macht, um den Markt zu manipulieren, den Wettbewerb zu zerstören und dem Verbraucher zu schaden", formulierte Generalstaatsanwalt Ken Paxton aus Texas, was für jeden, der es wissen wollte, schon lange kein Geheimnis mehr war.

Doch nicht nur in den USA, auch in Europa, machte der Staat Anfang der 2020er Jahre mobil, sich gegen die Allmachtfantasien der Digitalkonzerne zu wehren und die Bürgerschaft vor der scheinbar unaufhaltsamen Datenschnüffelei der Digitalgiganten zu schützen.

Europa macht Ernst: DSA und DMA

20 Jahre nach Verabschiedung der E-Commerce-Richtlinie im Jahr 2000 stellte die EU-Kommission 2020 den Digital Services Act (DSA) und den Digital Markets Act (DMA) vor, um die ausufernde Macht der Digitalkonzerne einzudämmen.[71] Die beiden neuen Gesetze sollen verhindern, dass die dominierenden US-Techriesen so groß und mächtig werden, „dass sie ihre eigenen Regeln schaffen können", wie die EU-Wettbewerbskommissarin Margrethe Vestager formulierte. Dabei geht es um digitale Märkte und Dienste.

Der DSA will vor allem die so genannten „Vlops" regulieren; das Akronym bezeichnet „Very Large Online Platforms" mit mindestens 45 Millionen monatlich aktiven Nutzern in der EU. Im DMA geht es um digitale Gatekeeper, also beispielsweise Suchmaschinen, soziale Netzwerke, Videoplattformen, Betriebssysteme, Clouddienste und Werbenetzwerke, sofern sie eine gewisse Größe und eine Marktmacht aufweisen. Als Verordnungen gelten DSA und DMA unmittelbar in allen EU-Staaten.

Das Credo der europäischen Regulierung in den 2020ern lautet: Je größer die Konzerne sind, desto mehr Verantwortung sollen sie tragen. Verantwortung für fairen Wettbewerb, für den Verbraucherschutz, für die digitale Inhalte, für das ordentliche Verhalten der Nutzer ihrer Plattformen. Das ist einerseits sicherlich gut und richtig, um die Übermacht der Konzerne im Zaum zu halten. Andererseits handelt es sich bei näherer Betrachtung „eigentlich“ beinahe durchweg um Aufgaben, die zuvor der Staat übernommen hatte. Seit Anfang der 2020 gilt: Die Plattformbetreiber entscheiden selbstständig, was Hassreden sind und was unter die freie Meinungsäußerung fällt oder welche Waren zugelassen und welche als Produktfälschungen gelten.

Die Gefahr des sogenannten „Overblocking“ war durch die neuen Regeln sogar noch größer geworden; man versteht darunter das vorbeugende Blocken von Inhalten der Nutzer, weil diese eventuell gegen Sitte und Anstand verstoßen könnten oder schlichtweg kriminell sind. Die mit DSA und DMA eingeführte sofortige Haftung der Plattformbetreiber für derartige Inhalte, nachdem sie ihnen bekannt sind, lässt ganz im Gegenteil vermuten, dass schon Inhalte, die (noch) legal aber „irgendwie anrüchig“ sind, gelöscht werden. Anders ausgedrückt: Die vielleicht anstößige, aber dennoch legale Grauzone wird mehr oder minder ausradiert. Das macht die Plattformen zwar „sauberer“, ist aber der freien Meinungsäußerung gelinde gesagt nicht gerade zuträglich. Erlaubt wäre dann nur noch, was sozusagen „garantiert korrekt“ ist.

Ein Zug der Regulierung war hingegen an Eindeutigkeit nicht zu überbieten: Die Plattformbetreiber dürfen ihre starke Marktstellung nicht nutzen, sich selbst Vorteile zu verschaffen gegenüber anderen Anbietern auf ihren Plattformen. Das schob beispielsweise der Praxis von Amazon, die unabhängigen Händler fortlaufend zu analysieren, um herauszufinden, welche Produkte besonders stark nachgefragt sind, und daraufhin genau diese Produkte selbst anzubieten, einen Riegel vor.

Die DSA und die DMA waren gut gemeint und sicherlich auch notwendig, um die US-amerikanischen Digitalriesen der EU in ihre Schranken zu verweisen. Doch ein genauer Blick auf die Regulierung zeigt, dass sie die wirklich kritischen Aspekte ausblendet. So sollen die Nutzer zwar besser informiert werden als vorher, warum beispielsweise Inhalte gelöscht, bestimmte Anzeigen dargestellt oder Informationen zu sehen sind. Aber der ganz große Wurf ist das nicht; der hätte nämlich darin bestanden, die Anbieter zu zwingen, ihre Algorithmen offen zu lassen. Nur bei transparenten Algorithmen hätten unabhängige Gutachter die Möglichkeit zu prüfen, ob sich die Vlops tatsächlich an die Regeln halten. Das wäre insbesondere angesichts des Vordringens der Künstlichen Intelligenz ein signifikanter Fortschritt gewesen.

So startete die EU mit einem eher halbherzigen Regelungswerk für die Digitalwirtschaft in die 2020er Jahre – immerhin, muss man wohl sagen, angesichts der Übermacht der Digitalkonzerne. In der neuen Digitalpolitik der EU steckt auch die Chance auf einen besseren Schutz unserer Privatsphäre. Es bleibt zu hoffen, dass die bisherigen Maßnahmen nur einen Anfang darstellen und künftig weitere Schritte folgen werden, vor allem auch, um zu verhindern, dass uns die Algorithmen der Künstlichen Intelligenz jedweder Privatheit berauben.

China gegen Alibaba

Es sollte der größte Börsengang aller Zeiten werden: Die chinesische Ant Group des Alibaba-Gründers Jack Ma wollte im Herbst 2020 Aktien in einem Volumen von rund 37 Milliarden Dollar herausgeben. Die Ant Group betreibt mit Alipay den dominierenden Bezahldienst in China und bietet über die Apps auch Kredite, Versicherungen und Geldanlagen an. Alibaba hält ein Drittel der Ant-Anteile. Wäre es geglückt, hätte es den bis dato weltweit größten Börsengang des Ölkonzerns Saudi-Aramco aus dem Jahr 2019 mit einem Volumen von 29,4 Milliarden Dollar überrundet. Doch es kam anders: Eine Woche vor dem geplanten Termin wurde das Streben der Ant Group an die Börsen Schanghai und Hongkong unterbunden – die chinesischen Zulassungsbehörden hatten Lücken in den Zulassungsdokumenten entdeckt, so die offizielle Begründung.[72]

Tatsächlich waren der chinesischen Regierung das ungehemmte Wachstum von Alibaba und der zunehmende Einfluss seines Gründers Jack Ma wohl unheimlich geworden. Das eigenständige Agieren des Unternehmers passte nicht zur Regierungsstrategie. Das Land strebt nämlich eine wirtschaftliche Autarkie an. Dieses Ziel floss sowohl in den Fünfjahresplan von 2021 bis 2025 als auch in die Langfristplanung bis 2035 ein. Die Unabhängigkeit von äußeren Einflüssen als Grundlage für die Sicherheit zieht sich wie ein roter Faden durch alle Planungen, von der Nahrungsmittelversorgung bis zum Umgang mit Daten.[73] Mit anderen Worten: Die chinesischen Digitalkonzerne haben sich ohne Wenn und Aber der Staatsdoktrin unterzuordnen. Es ist wohl abzusehen, dass China seine Digitalwirtschaft deutlich schneller und stärker unter staatliche Fittiche nimmt als es demokratischen Staaten wie den USA und in Europa jemals möglich sein dürfte.

Ausblick

Die EU-Bürokratie wird zweifelsohne weitere Gesetzgebungen zur Verbesserung des Datenschutzes und dem Schutz der Privatsphäre hervorbringen. Die Datenschutz-Grundverordnung ist nicht genug, die e-Privacy-Verordnung steht in den Startlöchern und beim Schutz vor unbilligen Auswirkungen der Künstlichen Intelligenz hat die Europäische Union längst zum Halali geblasen.

Doch es steht zu befürchten, dass die tatsächlichen Folgen ähnlich fatal wie beim Bürokratiemonster der Datenschutz-Grundverordnung ausfallen werden – also mehr Bürokratie, aber kaum mehr Schutz. Schließlich sind sich Regierungen und Konzerne einig, dass sie künftig im Grunde nicht weniger Daten sammeln und möglichst automatisch auswerten wollen, sondern mehr. Und die immer stärkere Nutzung der sozialen Netzwerke und die anhaltende Nachfrage nach Geräten für das Smart Home zeigen, dass den Menschen in weiten Teilen die Bequemlichkeit und der Drang zur Kommunikation letztendlich wichtiger sind als der Datenschutz.

Diese Entwicklung ist fatal und wir sollten alles daransetzen, ihr entgegenzuwirken.

Wenn keiner mehr ernsthaft Datenschutz will, wer braucht ihn dann noch? So könnte man resigniert fragen. Doch die Antwort ist glasklar: Wir alle! Der Schutz unserer Privatsphäre ist ein hohes Gut, das wir nicht allein dem Gesetzgeber oder der eigenen Bequemlichkeit anheim geben sollte.

Daher geben die Autoren des vorliegenden Buches abschließend eine Reihe konkreter Tipps und Ratschläge, mit der jeder von uns seine eigene Privatsphäre schützen kann.

Tipps zum Abschluss

So ist angesichts der Datenspionage aller Orten die intensive Nutzung des sogenannten TOR-Netzwerks zu empfehlen. Das Kürzel steht für „The Onion Router“ und bezeichnet ein weltweites Netzwerk, in dem jedermann weitgehend anonym im Internet unterwegs sein kann.

Die offiziellen Stellen wollen uns häufig einreden, dass man sich als Krimineller outet, wenn man TOR einsetzt. Doch das ist falsch. Journalisten, Aktivisten, Informanten, Diplomaten und letztlich jedermann hat das Recht auf Anonymität. Wer einen Laden betritt und mit Bargeld bezahlt, muss ja auch keine Angaben zur Person machen und wir unterstellen dennoch nicht, dass er dort Drogen oder Waffen kauft.

Für alle, die sich mit der Materie nicht auskennen, empfiehlt sich ein Blick ins sog. Hidden Wiki (https://thehiddenwiki.org) . Ebenfalls eine Empfehlung wert ist der frei verfügbare TOR-Browser für anonymes Surfen unter https://www.torproject.org.

Wer sich vor der ständigen Beobachtung durch Google schützen will, sollte zudem besser die Suchmaschine Startpage (www.startpage.com) benutzen.

Für höchstmögliche Anonymität im Internet kann „The Amnesic Incognito Live System“ (TAILS) verwendet werden. Dies ist eine Linux-Variante, die sich bequem auf einem Speicherstick installieren lässt (die Anleitung dazu findet sich unter https://tails.boum.org/index.html).

Zudem gibt es einfache Tipps für jedermann, um wenigstens den offensichtlichsten Gefahren vorzubeugen. Dazu gehören: regelmäßige Backups erstellen, essenziell wichtige Informationen ausdrucken und in Papierform aufbewahren, neue Updates zügig einspielen, keine leicht zu erratenden Passwörter verwenden, das jeweils höchste angebotene Sicherheitsniveau wählen (beispielsweise Zwei-Faktor-Authentifizierung) und auf Datensparsamkeit achten, also so wenig Daten wie möglich preisgeben.

Über die Autoren

Marc Ruberg, Kernphysiker und Informatiker, kennt sich mit Datenschutz und Datensicherheit aus wie kaum ein anderer. Er ist Verantwortlicher für das Hochschulnetz des Landes Baden-Württemberg, stimmberechtigtes Mitglied im berühmt-berüchtigten Chaos Computer Club (CCC) und aktives Mitglied im Diplomatic Council, einem globalen Think Tank mit Beraterstatus bei den Vereinten Nationen (UNO).

Marc Ruberg, in der Cyberszene als „ruby“ bekannt, sieht sich als ein „White Hacker“. Diesen Ehrentitel tragen „die guten Computerhacker“, die auf der Seite von Recht und Ordnung stehen, aber die Tricks und Methoden der Datendiebe, Internet-erpresser und Cyberterroristen eben so gut beherrschen wie die sogenannten „Black Hacker“, die Internetkriminellen. Das Credo von Marc Ruberg: Die digitale Welt ist unsicherer als je zuvor und „Otto Normalverbraucher“ und „Lieschen Müller“ sind die gläserndsten Bürger:innen und Verbraucher:innen aller Zeiten. Vor diesem Hintergrund versteht sich Marc Ruberg als Vorkämpfer für mehr Privatsphäre, mehr Datensicherheit und mehr Datenschutz in einer immer digitaleren Welt.

Et al. An diesem Werk haben zahlreiche Mitglieder der UNO-Denkfabrik Diplomatic Council (DC) mitgewirkt. Das vorliegende Buch stellt in diesem Sinne ein Gemeinschaftswerk dar.

Bücher im DC Verlag

Denken 4.0 – Welt im Umbruch. Was die klügsten Köpfe eines globalen Think Tank über unsere Zukunft denken. Buddhi K. Athauda, Thi Thai Hang Nguyen, Andreas Dripke. 332 Seiten, Hardcover, ISBN: 978-3-947818-00-6

Mein Atomknopf ist größer – America vs. North Korea. Jamal Qaiser, 184 Seiten, Paperback, ISBN: 978-3-947818-01-3

Stasi 2.0 – Wie wir durch den staatlich-industriellen Digitalkomplex zu gläsernen Bürgern werden und was das für unsere Zukunft bedeutet, Andreas Dripke, Markus Miksch, 444 Seiten, Paperback, ISBN: 978-3-947818-05-1

Rechtsruck – Wie das Wiedererstarken des Nationalismus Deutschland in die Katastrophe führt. Anonyme Autoren. 660 Seiten, Paperback, ISBN: 978-3-947818-06-8

Pandemie – Die Welt im Corona-Krieg, 2. aktualisierte Auflage. Andreas Dripke, Markus Miksch, 148 Seiten, Paperback, ISBN: 978-3-947818-13-6

Covid-19 Falsche Pandemie – Die fatalen Fehler der WHO und ihre verhängnisvollen Folgen, Jamal Qaiser, Markus Miksch, 234 Seiten, Paperback, ISNB: 978-3-947818-15-0

75 Jahre UNO – Macht und Ohnmacht der Vereinten Nationen. Andreas Dripke, Hang Nguyen, 330 Seiten, Paperback, ISBN 978-3-947818-07-5

Die Dekade 2020-2030 – Das kommt auf uns zu!, Andreas Dripke Hang Nguyen. 362 Seiten, ISBN 978-3-947818-17-4

Corona und Impfen, Andreas Dripke et al., 188 Seiten, ISBN 978-3-947818-18-1

Hacker – Angriff auf unsere Computer-Zivilisation, Anonyme Autoren, 432 Seiten, ISBN 978-3-947818-23-5

Migration nach Europa – Wir schaffen das und die Folgen, Anonyme Autoren, 510 Seiten, Paperback, ISBN 978-3-947818-32-7

Auto – Vom Diesel-Desaster bis zum selbstfahrenden E-Auto, Autorengemeinschaft Diplomatic Council, 572 Seiten, Paperback, ISBN 978-3-947818-09-9

Digitale Disruption – Alles wird anders, Andreas Dripke et al., 216 Seiten, Paperback, ISBN 978-3-947818-34-1

Interim Manager berichten aus der Praxis: Automotive, Reihe „Von Interim Managern lernen“ (Hrsg. Jürgen Becker, Dr. Harald Schönfeld), Jürgen Becker, Ulf Camehn, Ludek Cermak, Hanno Goffin, Andreas Kälber, Ralf-Peter Hanrieder, Dr. Dr. Stefan Hohberger, Dr. Gerhard Müller-Spanka, Frank P. Neuhaus, Christine Pfisterer, Christian Ritzer, Dr. Harald Schönfeld, Jane Enny van Lambalgen, 404 Seiten, ISBN 978-3-947818-29-7

Künstliche Intelligenz (KI) – Wir werden gedacht, Dr. Horst Walther, Andreas Dripke, 250 Seiten, ISBN 978-3-947818-25-9

Die biometrische Vermessung der Menschheit, Andreas Dripke et al., 212 Seiten, Paperback, ISBN 978-3-947818-39-6

Inside WHO – Dr. Tedros und die Weltgesundheitsorganisation, Andreas Dripke et al., 124 Seiten, Paperback, ISBN 978-3-947818-27-3

Welt ohne Bargeld – Bitcoin und andere Kryptowährungen, Andreas Dripke, Stephanie Stoerk, 178 Seiten, Paperback, ISBN 978-3-947818-41-9

Apple Car – Wie der iKonzern das Auto neu erfindet, Andreas Dripke et al., 296 Seiten, Paperback, ISBN 978-3-94-7818-43-3

Denken 5.0 – Was die klügsten Köpfe eines globalen Think Tank über unsere Zukunft denken, Andreas Dripke, Hang Nguyen, Claude Piel, Detlef Schmuck, Dr. Harald Schönfeld, Stephanie Stoerk, Helmut von Siedmogrodzki, Dr. Horst Walther, 300 Seiten, ISBN 978-3-94-7818-36-5

Hilfe, wir werden gechippt! – Vom Mikrochip unter der Haut bis zum Hirnschrittmacher, Andreas Dripke et al., 180 Seiten, ISBN 978-3947818556

Cyber War – Die digitale Bedrohung, Marc Ruberg et al., 244 Seiten, Paperback, ISBN 978-3-947818-45-7

Digitale Identität – Unser Zwilling im Datennetz, Andreas Dripke et al., 164 Seiten, ISBN 978-3947818532

Die Apple Agenda – Welche Märkte der iKonzern künftig revolutionieren wird, Andreas Dripke et al., 260 Seiten, Paperback, ISBN 978-3-947818-47-1

Der Dritte Weltkrieg – Das Undenkbare denken, Hang Nguyen, Jamal Qaiser, 268 Seiten, Paperback, ISBN 978-3-947818-67-9

Ewige Pandemie – Freiheit ade, Andreas Dripke, Markus Miksch, 204 Seiten, ISBN 978-3947818594

2045 – Das Jahr, in dem die Künstliche Intelligenz schlauer wird als der Mensch, Andreas Dripke, Dr. Horst Walther, 104 Seiten, ISBN 978-3947818570

Der digitale Euro – Computergeld statt Bares, Andreas Dripke, Stephanie Stoerk, 232 Seiten, ISBN 978-3947818617

China : USA – Der Wettkampf um die Weltspitze, Dr. Horst Walther et al., 216 Seiten, ISBN 978-3-947818-63-1

Auto ohne Lenkrad – Das selbstfahrende Auto steht vor der Tür, Patrick Dripke, Thomas Gronenthal, 140 Seiten, Paperback, ISBN 978-3-947818-79-2

Roboter im Alltag – Maschinen (beinahe) wie Menschen, Andreas Dripke, 176 Seiten, Paperback, ISBN 978-3-947818-71-6

Irrfahrt E-Auto – Abgesang auf die deutsche Autoindustrie, Thomas Gronenthal et al., 212 Seiten, Paperback, ISBN 978-3-947818-81-5

Was nach dem Smartphone kommt – Eine Reise in unsere digitale Zukunft, Andreas Dripke et al., 152 Seiten, Paperback, ISBN 978-3-947818-69-3

Über das Diplomatic Council

Das vorliegende Werk ist im Verlag des Diplomatic Council (DC) erschienen: DC Publishing. Das Diplomatic Council verknüpft einen globalen Think Tank, ein weltweites Business Network und eine Charity Foundation in einer einzigartigen Organisation mit Beraterstatus bei den Vereinten Nationen.

DC Mitglieder vertreten die feste Überzeugung, dass Wirtschaftsdiplomatie ein tragendes Fundament für die internationale Völkerverständigung und den friedlichen Umgang der Nationen darstellt. Aus dieser Erkenntnis heraus überträgt das Diplomatic Council das Ziel der globalen Völkerverständigung in ein ökonomisches Mandat. Die Methodik eines weltweiten Wirtschaftsnetzwerkes wird hierzu mit der diplomatischen Kommunikationsebene der Staaten dieser Erde untereinander verknüpft. Vor diesem Hintergrund sind im Diplomatic Council Persönlichkeiten aus Diplomatie, Wirtschaft und Gesellschaft engagiert, die mit Augenmaß ausgewählt werden und die sich durch eine hohe Akzeptanz, eine hohe Kompetenz und ein mit den Grundpfeilern des Diplomatic Council übereinstimmendes Wertesystem auszeichnen. Ebenso sind Unternehmen willkommen, für die Corporate Social Responsibility mehr als ein Schlagwort ist.

Weitere Informationen: www.diplomatic-council.org/application

Quellenangaben und Anmerkungen

[1] https://archiv.ekd.de/glauben/feste/weihnachten/kock_lukas2.html

[2] https://de.wikipedia.org/wiki/Christentum

[3] https://de.wikipedia.org/wiki/Volkszählung

[4] https://www.familysearch.org/wiki/de/Deutschland_Volkszählungen

[5] https://de.wikipedia.org/wiki/Liste_der_Volkszählungen_in_Deutschland

[6] https://www.destatis.de/DE/Themen/Gesellschaft-Umwelt/Bevoelkerung/Bevoelkerungsstand/Glossar/volkszaehlung.html

[7] https://www.bpb.de/politik/hintergrund-aktuell/248750/volkszaehlung-1987-22-05-2017

[8] https://www.zvab.com/9783452322906/gegen-Mikrozensus-Volkszählung-tun-Rottmann-3452322904/plp

[9] https://www.bpb.de/gesellschaft/digitales/persoenlichkeitsrechte/244837/informationelle-selbstbestimmung

[10] https://dejure.org/gesetze/StGB/202a.html

[11] https://www.welt.de/geschichte/article114608214/Wie-viele-Spitzel-hatte-die-DDR-Staatssicherheit.html

[12] https://www.michaelmauel.de/datenschutz-fuer-jedermann-die-geschichte-des-datenschutzes/

[13] https://www.jstor.org/stable/1321160?seq=1#metadata_info_tab_contents

[14] https://www.justice.gov/opcl/privacy-act-1974

[15] https://datenschutz.hessen.de/ueber-uns/geschichte-des-datenschutzes

[16] https://dsgvo.expert/wp/die-datenschutzgrundverordnung/entstehungsgeschichte/

[17] https://de.wikipedia.org/wiki/Griswold_v._Connecticut

[18] https://www.termsfeed.com/blog/caloppa/

[19] https://www.menschenrechtserklaerung.de

[20] https://www.echr.coe.int/Documents/Convention_deu.pdf

[21] https://www.bpb.de/nachschlagen/lexika/recht-a-z/22671/persoenlichkeitsrecht

[22] https://www.grundrechteschutz.de/gg/recht-auf-informationelle-selbstbestimmung-272

[23] https://www.grin.com/document/55790

[24] https://www.bfdi.bund.de/DE/Datenschutz/Ueberblick/Was_ist_Datenschutz/Artikel/InformationelleSelbstbestimmung.html

[25] https://dsgvo-gesetz.de

[26] https://www.focus.de/corona-virus/neustart-fuer-deutschland-die-chancen-kolumne-kj_id_13350236.html

[27] https://daserste.ndr.de/panorama/aktuell/Datenschutz-Debeka-muss-13-Millionen-Euro-zahlen,debeka122.html

[28] https://www.e-recht24.de/artikel/datenschutz/11329-e-privacy-verordnung-die-dsgvo-war-erst-der-anfang.html

[29] https://www.bpb.de/politik/hintergrund-aktuell/262861/lauschangriff

[30] http://www.barksbase.de/deutsch/bbload.htm

[31] https://deacademic.com/dic.nsf/dewiki/832602

[32] https://www.zeit.de/digital/datenschutz/2013-10/hintergrund-nsa-skandal

[33] https://www.dw.com/de/merkel-ausspähen-unter-freunden-das-geht-gar-nicht/a-37580819

[34] https://www.dhs.gov/fusion-centers

[35] https://publicintelligence.net/fusion-centers/ und https://www.wired.com/2012/03/ff-nsadatacenter/

[36] https://www.pen-deutschland.de/de/2013/12/10/internationaler-aufruf-gegen-massenueberwachung/

[37] https://www.churchlawcenter.com/church-law/church-committees/

[38] https://www.zeit.de/thema/daniel-ellsberg

[39] https://programm.ard.de/TV/Programm/Sender/?sendung=28725553065808

[40] https://www.zeit.de/kultur/2019-04/wikileaks-gruender-julian-assange-enthuellung-transparenz/seite-3

[41] https://www.lto.de/recht/hintergruende/h/zehn-jahre-patriot-act-the-american-way-of-terrorbekaempfung/

[42] https://www.tecchannel.de/a/datenmengen-explodieren-durch-sensordaten,2056615

[43] https://blog.wiwo.de/look-at-it/2019/09/09/internet-of-things-knapp-27-milliarden-vernetzte-geraete-oder-3-iot-gadgets-je-mensch/

[44] https://www.ovb-online.de/weltspiegel/politik/google-weiss-mehr-eigene-ehefrau-7180299.html

[45] https://irights.info/artikel/metadaten-fotos-anbringen-loeschen-bearbeiten/26353

[46] https://www.stern.de/digital/online/tracking--der-kampf-apple-gegen-facebook-geht-in-die-naechste-runde-9537080.html

[47] https://www.google.com/search/howsearchworks/algorithms/

[48] https://www.horizont.net/marketing/nachrichten/warc-analyse-globaler-werbemarkt-waechst-nur-dank-google-facebook-und-amazon-178486

[49] https://de.statista.com/statistik/daten/studie/459039/umfrage/volumen-des-werbemarktes-in-deutschland/

[50] https://www.computerworld.ch/technik/ios/apple-sammelt-wlan-daten-1307338.html

[51] https://de.wikipedia.org/wiki/Global_Positioning_System

[52] https://www.connect.de/ratgeber/standortvorteil-374354.html

[53] http://www.gletschertraum.de/Lehrmaterialien/KT/23_Skriptum_Daktyloskopie.pdf

[54] http://www.bbc.co.uk/history/historic_figures/faulds_henry.shtml

[55] https://galton.org/books/finger-prints/galton-1892-fingerprints-1up.pdf

[56] https://www.sueddeutsche.de/reise/mehr-biometrie-bei-der-us-einreise-haende-her-1.225550

[57] https://de.wikipedia.org/wiki/IPhone_5s

[58] https://www.golem.de/news/iphone-5s-im-test-ein-ring-zum-abschaffen-der-passwoerter-1309-101725-3.html

[59] https://www.ccc.de/de/updates/2013/ccc-breaks-apple-touchid

[60] https://www.logitel.de/glossar/face-id.html

[61] https://nzzas.nzz.ch/wissen/die-mimik-sagt-dem-smartphone-alles-ld.1342249

[62] https://apps.apple.com/us/app/measurekit-ar-ruler-tape/id1258270451

[63] https://www.haz.de/Nachrichten/Digital/Facebook-startet-automatische-Gesichtserkennung

[64] https://www.handelsblatt.com/unternehmen/it-medien/datenschutz-facebook-laesst-nutzer-selbst-ueber-gesichtserkennung-entscheiden/21019590.html

[65] https://www.naumburger-tageblatt.de/ratgeber/-monopol--vorwurf-us-regierung-und-48-bundesstaaten-klagen-gegen-facebook-37799272

[66] https://www.itopnews.de/2020/06/app-store-519-milliarden-us-dollar-umsatz-in-2019-generiert/

[67] https://www.macerkopf.de/2020/07/03/apple-app-store-umsatz-google/

[68] https://de.statista.com/statistik/daten/studie/12108/umfrage/top-unternehmen-der-welt-nach-marktwert/

[69] https://www.pcgameshardware.de/Wirtschaft-Thema-238882/News/Provisionsstreit-Epic-Games-vs-Apple-1359813/

[70] https://www.justice.gov/opa/press-release/file/1328941/download

[71] https://www.deutschlandfunkkultur.de/digital-services-act-und-digital-markets-act-wie-die-eu-die.1264.de.html

[72] https://www.tagesschau.de/wirtschaft/boerse/ant-boersengang-gestoppt-101.html

[73] https://zeitung.faz.net/faz/unternehmen/2020-12-23/402b34aa6d5c7cfa52641169c51931ea/